ちくま学芸文庫

バルトーク音楽論選

ベーラ・バルトーク
伊東信宏 太田峰夫 訳

筑摩書房

目次

バルトーク音楽論選

I　民俗音楽研究

ブダペストでの講演

一　民俗音楽とは何か？

民俗音楽や民謡の概念をめぐっては、かなり大きな混乱がある。多くの人々は一国の民俗音楽を一種類で均質なもののように思い浮かべるが、現実はけっしてそのようになっていない。というのも民俗音楽は、二つのものからなるからだ。一方の構成要素は民俗調の芸術音楽、別名都市の民俗音楽であり、もう一方は村の民俗音楽、別名農民音楽である〔1〕。少なくとも東ヨーロッパ、つまりわれわれが第一に関心を持つ地域では、事態はそのようになっている。

そこでこれから、都市の民俗音楽とはどのようなもので、村の民俗音楽とはどのようなものなのかを考えてみよう。

都市の民俗音楽、別名民俗調の芸術音楽とは、紳士階級の愛好家が作曲し、まずもって紳士階級の間で広まったあの単純な旋律を指す。それらは農民階級において全く知られていないか、比較的後になって、紳士階級を介して普及した。こうした歌はわが国では「マジャル・ノータ」という通称で知られている。

これについてコダーイは以下のように書いている。

「民俗調の芸術歌曲はとりわけ一九世紀後半にハンガリーを席巻した。支配的なジャンルは単旋律の有節歌曲であり、主に口承で伝播した。手書きや印刷された状態の譜面を見たことはないのに、誰もがこれら一連の歌を知っている。たしかに大抵は楽譜が出版されているものの、それを読んで歌う習慣がないのだ。作者の名前を気にとめる者はおらず、かりに名前が明らかになっても、忘れられてしまう。単旋律の着想をもってこれらの歌は生まれるが、作者は通常、伴奏をつけられないため、その仕事を他人に任せたり、好みに応じて即興したりする。もとの楽譜にあたることがないので、旋律自体も、かたちが変わっていく。」

わが国ではセンティルマイ〔Elemér Szentirmay, 一八三六―一九〇八〕、シモンフィ〔Kálmán Simonffy, 一八三二―一八八一〕、ダンコー〔Pista Dankó, 一八五八―一九〇三〕、フラーテル〔Loránd Fráter, 一八七二―一九三〇〕などが、こうした歌を作った人々だった。

一方、村の民俗音楽、別名農民音楽については、以下の定義がもっとも適切であり、一般的だろう。

すなわち、広い意味での農民音楽とは、それぞれの民族の農民階級において今普及している、ないしかつて普及していた旋律のうちでも、彼らの音楽的感性の本能的表現であるようなものすべてを指す。

さらなる補足として、どのような階級を農民階級と呼ぶのか、定義しておかなくてはなるまい。伝承研究の立場から、民族のうちでも原初的生産活動にたずさわり、肉体的・精神的需要を自分たちの伝統に則《のっと》った型によって満たす人々、あるいは外来の型であっても、自分たちの精神的傾向に合わせて作り変えた型によって満たす人々を、農民階級と呼ぶこととする。

ただし、一番大切なのはここからである。農民音楽の中でも、少なくともわれわれの住む東ヨーロッパでは、さらに一つの特別なグループが他からはっきりと区別される。そのグループとは、狭い意味での農民音楽である。これについては、他のものよりずっと明確に定式化できる。

すなわち、狭い意味での農民音楽とは、一つ、ないしいくつかの統一のとれた様式に帰属する旋律を指す。言い換えれば、一様な性格と構造を備えた旋律の巨大な集合体が、狭い意味での農民音楽を成り立たせているのだ。

農民音楽全体の中でも、この部分がもっとも重要であり、これこそが民俗調の芸術音楽の諸作品とはっきり区別できる種類のものである。その価値は民俗調の芸術音楽とは比べようがないほどに高い。まさにそれゆえに、狭い意味での農民音楽は近年、いくつかの国々で高次の芸術音楽に影響を及ぼすようになったのだ。

狭い意味での農民音楽と民俗調の芸術音楽との間にどのような違いがあるのか、今ここで具体的に論じることはできないし、狭い意味での農民音楽がなぜそれほどまでに価値が高いのかという点についても、これ以上説明することはできない。ただ、以下のことだけを指摘すればここでは十分だろう。実際のところ、この種類の音楽は、都市文化の影響を受けていない人々のもとで無意識のうちに働く、自然力による変形作用の所産にほかならない。

だからこそこれらの旋律は、もっとも高度な芸術的完全性を体現しているのである。それらはまさに、どのようにすればもっとも小さな形式、もっともささやかな手段で何らかの音楽的想念をもっとも完璧に表現しうるかを示す模範例なのだ。

もちろん、これらの旋律を評価する人が比較的少ないことについて、黙っているわけにはいかない。教育を受けた音楽家の大部分は——言ってしまえば、保守的な部分の人々は——この音楽を評価するどころか、全く見下している。これは非常に自然なことでもある。というのはお決まりの表現に慣れきった者は、そこから少しでもはみ出た表現は何でも、理解しがたい、無意味なものとして受け取るからである。いかに単純明快で直截な旋律であっても、自分たちの想像力と相容れなければ、彼らはそれを理解しようともしない。音楽をめぐる思考がひとえに主和音と属和音の交替に基づいているこれら音楽家や愛好家に、たとえば和声法上の属和音が全く欠けた原初的な旋律に順応することなど、どうしてできるだろう。これらの人々の精神世界には、民俗調の芸術音楽の方がはるかに近しいのだ。

民俗調の芸術音楽の作者たちは月並みな表現、決まりきった形式をけっして避けようとしなかったからである。

ここまで「農民風」と「原初的」という、二つの形容詞を何度か使った。〔2〕誤解してほしくないが、私はこれら二つの形容詞をけっして軽んじる意味合いで使っているわけではない。それどころか反対に、これら二つによって、太古の理想的な、無垢の単純さを言い表したいのである。

*

高次の芸術音楽において、民俗音楽の影響はいわば常に存在していた。あまり知られていない、はるか昔の時代に遡らなくても、バッハの音楽におけるコラールの旋律の役割を考えれば、そのことは十分に理解できるだろう。

一七世紀、一八世紀のパストラルやミュゼットは実質的には、バグパイプやハーディガーディで演奏された、同時代の民俗音楽の模倣にほかならない。

ウィーン古典派がいかに多くの民俗音楽の影響を受けていたかということも、よく知られる通りである。〔3〕たとえばベートーヴェンの『田園』交響曲第一楽章主要主題は南スラヴの舞曲の旋律であり、ベートーヴェンは明らかに、この旋律をバグパイプの演奏で聴いたと考えられる。場所はもしかしたらハンガリー西部においてのことだったかもしれない。

いずれにしても楽章の開始すぐの、一小節〔のモティーフ〕をオスティナート風に八回も繰り返す箇所は、バグパイプ音楽の影響を示唆している。

もっとも、民俗音楽の影響を意図的かつ計画的に取り入れたのは、一九世紀の数人の、いわゆる「国民楽派」の作曲家たちが最初だった。リストが『ハンガリアン・ラプソディ集』において、ショパンがポロネーズや他のポーランド的性格の作品においてこの試みを始めた。グリーグやスメタナ、ドヴォルジャーク、そして同時代のロシア人作曲家たちがこれに続き、人種的な特徴を一層はっきりと作品の中で強調するようになっていった。

しかしながらこの時代には、民俗調の芸術音楽と狭い意味での農民音楽との間の区別がなされていなかった。それぞれが二種類の情報源のうち、参照しやすい方からより多くのものを取り入れたのだ。

当時、民俗調の芸術音楽の方がはるかに簡単に参照できたことは、ほとんど論を俟《ま》たない。というのもその頃、民俗学や伝承研究はまだ揺籃期にあり、農民たちの文化への関心はまだほとんど見られなかったからである。

今日と一九世紀とのもう一つの相違点は、民俗音楽の影響が当時、ほとんどの場合、うわべにしか現れなかった点である。その影響はむしろ、モティーフやリズム、うわべの装飾を取り入れることに限定されていたのだ。

農民音楽に対象を絞った、意図的な取り組みは、二〇世紀前半までなされずにいた。

前世紀〔一九世紀〕後半の音楽家の中では唯一、ムソルグスキーだけが深く、そしてひとえに農民音楽から影響を受けた作曲家だった。それによって彼は——よく言われるように——時代に先んじたのである。しかしわずかな例外をのぞき、一九世紀の他の「国民楽派ぶった」作曲家たちにとっては、東欧や北欧の民俗調の芸術音楽からの刺激で十分だったようだ。もちろん、そのような民俗調の芸術音楽にも数多くの、それまでの西欧の高次の芸術音楽には見られなかった独自性があったことは言うまでもない、ただそこには——先ほど述べた通り——西欧の定型的表現やロマン派風の感傷性が混入していた。他方、そこには原初的なものの、無垢の新鮮さが欠けていた。つまり最近になって人々が「客観性」と名づけたがっているもの、私としては「感傷性のなさ」と呼びたいものが欠けていたのである。

二　新しい芸術音楽への農民音楽の影響

二〇世紀初頭は近代音楽史の転換点にあたる。

後期ロマン派の誇張された表現は耐え難いほどのものになり、幾人かの作曲家たちが、これ以上この道を進むことはできない、一九世紀とは反対の方向に向かうほかに解決はない、と感じ始めるのだ。

この方向転換において——あるいは「再生」において、と言ってもいい——貴重な励ましを与え、助けとなったのが、それまでほとんど知られてこなかった農民音楽であり、その中でもわれわれが狭い意味での農民音楽と呼んでいる部分である。

この農民音楽は形式上、考えられる限りもっとも完成され、もっとも変化に富んでいた。その表現力は目をみはるほど大きい。それに加えて、どのような感傷的表現、どのような余分な要素も持っていなかった。それはときに原初的なまでに単純だが、けっして幼稚ではない。音楽の復活《ルネサンス》にとって、これ以上ふさわしい出発点は考えられなかった。また、一人の作曲家にとって、この種類の農民音楽以上に素晴らしい師匠はありえなかった。

農民音楽から強い影響を受けるための一つの条件として、どのようなものがあるか。作曲家が自国の農民音楽を、まるで母語のように徹底して習得していることがあげられよう。ハンガリーの作曲家たちは——まさに徹底して習得するために——自分たちで採集旅行に出かけた。ロシアのストラヴィンスキーとスペインのファリャは、たしかに系統的な採集は行わなかったかもしれない。多分ほとんどの場合、彼らは他の人々のコレクションの中に自分たちの興味を引く素材を見出したのだ。しかし彼らにしても、単に本や博物館の展示だけから自国の農民音楽について知ったのではなく、おそらく生の演奏も研究する機会があったと考えられる。

ちなみに私は、農民音楽の影響は、当該の人物が農民音楽を現地で農民たちと共に体験した時、はじめて本当に強いものでありうると考える。言い換えれば、博物館に所蔵された農民音楽〔のコレクション〕を調べるだけでは十分ではないと考えている。というのも大事なのは、言葉では言い表せない農民音楽の内的性格をわれわれの芸術音楽に移し替えることであり、農民たちが音楽をする際の空気を芸術音楽にもたらすことだからである。農民音楽のモティーフやその模倣を芸術音楽の中に取り込むだけでは十分ではない。それでは外面を飾りたてることにしかならないからだ。

二〇年から二五年ほど前、善意ある人々がよく驚いていた。どうして専門的な訓練を受け、しかもステージで演奏できるほどの音楽家が、村の音楽の調査や採集のような――彼らの見るところでは――「低級な」課題に取り組むことなどがありうるのか、と。そのような仕事をわれわれのかわりに他の人々が、たとえばそれ以外の音楽的課題をこなせない人がやろうとしないのは、なんという損失だろう。彼らはそう言っていた。

これらの気の毒な人々は考えもしなかったのだ、まさにわれわれ自身で村々に赴き、この方向性を示してくれる音楽を自身で体験することが、われわれにとっていかに多くのことを意味していたかを。

さて、ここでいよいよ問わなくてはならない。高次な芸術音楽において農民音楽の影響はどのように現れうるのだろうか。

1. 第一に、農民音楽の旋律に全く、あるいはほとんど手を加えないまま、そこに伴奏をつける形が考えられよう。場合によっては、前奏と後奏をつけることもあるかもしれない。このような作品はある程度までバッハのコラール編曲との類似性を示すはずである。間にはっきりとした境界線を引けないものの、このような民謡編曲には二つの種類が見て取れる。

一方においては、伴奏と前奏・後奏には二次的な意味しかない。それらはちょうど宝石をはめ込む台座のように、大事なもの、つまり農民音楽の旋律をはめ込むためのフレームの役割を果たしている。

他方においては、事態は逆になる。農民音楽の旋律はモットーの役目を果たすだけであり、その下やその周囲に置かれるものの方が主になるのだ。数限りない過渡的段階が二つの種類の間をつなぐ。民謡編曲の中でどちらの要素が上回っているのか、判断がつかないことも時にはあるだろう。とはいえ、どのような時も非常に大事なのは、旋律にあてがう音楽上の衣服が、その旋律の性格、つまりその旋律に顕著に、ないし潜在的に見て取れる音楽的独自性に関連づけられることである。旋律とそこに付け加えられたものが、分かつことのできない一体のもののような印象を与えなくてはならないのだ。

ここで括弧つきで、主に三〇年から四〇年ほど前に広く唱えられていた独特の迷信にふれておかねばならない。当時、豊かな学識を備えた音楽家の大半は、民謡の旋律にはごく単純な和声しかふさわしくないと考えていた。一層厄介なのは、これらの人々が「単純な和声」という言葉で主和音、属和音、場合によっては下属和音の交替のことを言おうとした点である。

この奇妙な考え方が生まれた事情は多分、以下のように説明できる。そもそも当時、これら素養のある音楽家たちはどのような民謡を知りえたのか。由来の新しいドイツ民謡や類似した他の西欧の民謡、ないし民俗調の芸術歌曲、もしかすると自国の芸術歌曲。それ以外に、彼らはほとんど何も知りえなかったはずである。一方これらの民謡の旋律は、ほとんど常に主和音と属和音を示唆している。旋律の主要な音が大抵の場合、これらの和音の構成音だからである。この点については二つの典型的で有名な例、「おお可愛いアウグスティン」と「犬、まだらの犬」をあげれば十分だろう。[4]

この種の旋律が耳慣れない和音を使った和声にあまりそぐわないのは明らかである。ところが頭の固い前述の音楽家たちは、この「おお可愛いアウグスティン」にふさわしい理論を、たとえばハンガリーの五音音階の民謡にまで当てはめようとした。それらの旋律にいわゆる完全終止を示唆するところがどこにもないのに、である！

どれほど奇妙に聞こえようとも、ひるむことなく私は言いたい。旋律が原初的であればあるほど、特殊な和声や伴奏をつけることが可能になる、と。たとえば二つの隣り合う音高の間だけを動く旋律（アラブの農民音楽にはそのようなものが数多く存在する）を例にとろう。旋律が四つないしそれ以上の音高の間を動く場合に比べて、二つの音高の場合の方が、伴奏を考える上でずっと制約が少ないことは明らかである。

さらに言えば、原初的な旋律には三和音の定型化した連結を示唆するものは何もない。この否定的要素はまさに、一定の制約が取り払われていることを意味している。制約の欠如は自由を活かせる者に対して、より多くの自由をもたらすだろう。それは旋律をありとあらゆる調の和音によって、ありとあらゆる仕方で浮き立たせることを許容してくれる。いわゆる多調性がハンガリー音楽やストラヴィンスキーの音楽に聞かれるのも、部分的にはこうした可能性の豊かさから説明できると言ってもいいほどなのだ。

しかしながら他の可能性も東ヨーロッパの農民音楽は秘めていた。独特な旋律のイディオムが新しい和声の着想へとわれわれを導いてくれたのだ。たとえばわが国において七度が協和音程のように扱われるのは、まさに五音音階からなるわが国の民謡において、七度が三度や五度と同等の音程として現れることによる（たとえば「男は殺された、六〇フォリントと引き換えに」というよく知られる民謡に「ドナウ川に」と歌う部分があるが、その部分の四音中で最も高い音は、そのような七度である）。何度も相前後して等権の音程として聞いたものを、同時にも等権の音程として聴かせようとすることほど、自然な事柄はないだろう。われわれは、四つの音〔一度、三度、五度、七度〕を一まとめのものとして捉え、どの音も解決に導く必要を感じさせない仕方で、それらを同時に鳴らした。言い換えれば、これら四つの音を協和音として一まとめに括《くく》ることにしたのである。

ハンガリーの古い民謡に見られる独特な四度跳躍の積み重ねは、四度を積み重ねた和音を作り出す方向へとわれわれを導いた。つまり、ここでもわれわれは水平的な継起性を垂直的な同時性へと置き換えたのである。

2. 農民音楽の影響は別の仕方でも現れる。農民が歌う本物の旋律を使用せず、かわりに作曲家が、それを模倣した旋律を自ら考え出すケースがそれである。ただし、このケースと先ほど述べたケースとの間に本質的な相違は存在しない。

ストラヴィンスキーは主題の出典をけっして明かさない。主題が果たして民俗音楽から取られたものなのか、自分で考え出したものなのか、作品のタイトルにおいても脚注においても、けっして触れようとしないのだ。この習慣は古い時代の作曲家たちの習慣を思い起こさせる。というのは彼らも同様に、この種の情報について大抵、完全な沈黙を貫いたからである。そのことはたとえば『田園』交響曲の冒頭を思い出せば十分だろう。

ストラヴィンスキーは明らかに確信を持ってそのようにしている。そうすることで彼は、作曲家が曲中で自身の考え出した主題を使っているのか、それともよそから借りてきた主題を使っているのかは、全く副次的な事柄であることを示そうとしているのだ。信憑性のある彼自身の発言を引くならば、ストラヴィンスキーの意見は次の通りである。すなわち、彼〔ストラヴィンスキー〕にはどのような由来の音楽的素材も、自作の中で使う権利がある。そしていったん彼が使うのにふさわしいと判断したものは、それを使うことで彼の知的所有物となるというのだ。この考え方は本質的にモリエールの主張と全く同じである。というのもモリエールは剽窃のかどで非難された際、「私は見つけたところで、自分の財産を得る」と弁明したからである。芸術的観点から見て、用いられた素材や主題の由来の問題は全く副次的な事柄であるとするストラヴィンスキーの意見は、完全に正しい。そうしたことが重要になるのは、原因の特定を目指す音楽学的観点においてのみなのだ。

関連する情報が不足しているため、ストラヴィンスキーのいわゆる「ロシア時代」の音楽の中で、どれが独自に考え出した主題であり、どれが民謡から取られてきたものなのか、はっきりと断言することはできない。ただ、一つたしかなのは、もしストラヴィンスキーの主題の素材のうち、独自に考え出したものもあるとすれば――明らかにそうしたものはあるのだが――それはもっとも巧みで、もっとも忠実な民謡の模倣だということである。なお、ストラヴィンスキーがいわゆる「ロシア時代」において、『春の祭典』以降、閉じた形式の――つまり三行、四行、あるいはそれ以上の行に分節できるような――旋律をあまり用いず、かわりに二、三小節のモティーフを「オスティナート」のように何度も反復して用いているのは興味深い。このような短い、絶えず反復する原初的なモティーフはロシア音楽の一部において顕著な特徴となっているからである。わが国のバグパイプ音楽やアラブ人の農民舞踊においても、この構成法はよく知られている。もしかするとこうした主題の素材が持つ原初的構造も、ロシア時代のストラヴィンスキーの作品があのように独特に断片的で、いわばモザイク的な構成になっていることの原因の一つになっているのかもしれない。

他方でこうした原初的なモティーフの持続的反復には全く独特の、熱く興奮させ、鼓舞するような効果がある。すでに当該の民俗音楽からしてそうなのだ。もしストラヴィンスキーのように器用な人物が重みの違いをとても正確に測りながら、これら奮い立たせ合うモティーフの複合体を互いにぶつけ合わせるのならば、その効果は百倍にも増すだろう。

3. 最後に、第三の仕方でも、農民音楽の影響は作曲家の書いたものの中に現れうる。実際には農民の歌う旋律も、その模倣も使っていないにもかかわらず、その音楽から農民音楽と同じ雰囲気が醸し出される場合がそれである。そのような時、その作曲家は農民たちの音楽言語を完全に習得し、ちょうど詩人が母語を使いこなすように、完全に使いこなしたと言うことができる。つまりそこでは、農民たちの音楽表現の仕方が彼の音楽上の母語となり、ちょうど詩人が母語を使うように、彼はそれを自由に使うことができて、実際にも使っているのである。

ハンガリーの音楽作品の中ではわれわれはコダーイの作品に、これについてのもっとも見事な例を見出せよう。ほかならぬ『ハンガリー詩篇』のことを考えてほしい。ハンガリーの農民音楽なしに、このような作品は生まれえなかったはずである(もちろん、コダーイなしにも生まれえなかったはずである!)。

三　民俗音楽の重要性について

多くの人は民俗音楽の旋律に和声をつけることを、比較的単純な課題と捉えている。少なくとも「独自の」主題を使った作品を何か書くよりも、簡単な仕事だと考えている。というのも――彼らの考えでは――作曲家は仕事の一部を、つまり主題を考え出すことを最初から免除されているからである。

この考え方は完全に間違っている。

民俗音楽の旋律をうまく取り扱うことは、もっとも難しい課題の一つだからである。それは、より難しいとは言えないものの、自力で大規模な作品を書くのと同じくらい難しい課題なのだ。外から前もって与えられた旋律のさまざまな要請がすでに大きな拘束力となることを見落とさなければ、この課題が難しいことの理由の一つは理解できよう。もう一つの難しさは、民俗音楽の旋律に固有の性格にある。まずはその性格に気づき、それを深く味わい、その上で編曲の際、そこをレリーフのように浮き立たせなくてはならない。ゆめゆめ曖昧にしてはならないのだ。

ほかのどの作品を書くときとも同じように、民謡編曲においても時宜を得た仕事、あるいはよく言われるところの「ふさわしい霊感」が必要なのは確実だろう。

民俗音楽に頼ることを時代にそぐわない、有害な事柄とみなす人々がいる。そのような人々との論争に取り掛かる前に、考えてみよう。今日の、民俗音楽に土台を置く方向性は、どのようにしたらいわゆる無調の方向性、言い換えれば「十二音音楽」の方向性と両立しうるのだろうか。

正直に言おう。それらはけっして両立しない。なぜか? 民俗音楽は常に調性を持つからである。無調の民俗音楽を想像することはできない。他方、無調の「十二音音楽」が調性を持つ民俗音楽を土台とすることも考えられない。それは、木から鉄の輪を作ろうとするような話なのだ。だからこそ二〇世紀の作曲家の一部が古い民俗音楽へと戻っていった事実は、無調の方向性に進むのを防ごうとするさまざまな動きの中で、大きな意義を持つのである。

今日の音楽を救ってくれるのは唯一、民俗音楽に土台を置く芸術音楽だけだと主張するつもりは全くない。ただ、われわれの論争相手の中には、民俗音楽の役割や重要性に関して、もっと凝り固まった意見を持つ人々もいる。たとえばわが国のある優れた音楽家は最近、以下のように述べている。「世界中で始まった大規模な民謡採集の隠された動機は、快適さへの密かな執着にもとめられる。つまりそれは、まだ汲み尽くされていない清らかな泉によって新鮮な気持に立ち返り、枯渇した脳髄に生産性を取り戻させたい、という欲求なのだ。この欲求は内なる力量不足を覆い隠し、精神活動を妨げる安易な方法で本物の葛藤を回避しようとする。」

この嘆かわしい発言は、当人の考え方が全く誤っていることを示している。

このように考える人々は、一体どのように事態を思い描いているのだろうか。きっと以下のような具合だろう。ある民謡好きの作曲家が席について何か書こうとする。ところがどれだけ頭を抱えても、一かけらの旋律も思い浮かばない。そこで気を取り直し、急いで手近な民謡コレクションを見に出かけ、そこから民謡の旋律を一つか二つ、選び出す。やがて大した苦労もなく、交響曲が出来上がる。

そうではない！　この問題はそれほど単純ではないのだ。決定的な誤りは、彼らが題材(sujet)、つまり主題にあまりにも大きな重要性を持たせている点にある。この考え方は全く誤ったものだ。こうした人々は、たとえばシェイクスピアが一つとして自分で考え出した筋書きや題材をもとに劇作品を書かなかったことを考えない。しかし作品の題材を求めて第二、第三、第十の隣人のドアを叩いたからといって、シェイクスピアの脳髄は干からびていたことになるだろうか？　そうすることでシェイクスピアもまた「内なる力量不足」を覆い隠そうとしたのだろうか？　一層際立っているのはモリエールの例である！彼は題材だけではなく、題材を扱う台本の構造も部分的に借用し、さらにいくつかの表現や数行の台詞まで取り込んだからだ。われわれは、ヘンデルのオラトリオの一つがストラデッラの作品の一つを編曲したものにほかならないことも知っている。その編曲があまりにも見事で、原曲よりすぐれているため、ストラデッラのことが頭に浮かばないほどなのだ。そこにおいて剽窃や才能の枯渇、力量の不足を問題にできるだろうか？　マーロウの悲劇の筋書きを取り込んだシェイクスピアや、スペインの物語から素材を取ったモリエールに関して、そのようなことが問題とならないように、ストラヴィンスキーについても、たとえ彼が一連の作品で民俗音楽やほかの外来の旋律を主題として用いたとしても、問題とはならないだろう。

　文学作品における筋書きや題材は、音楽における主題の素材に相当する。そして文学、彫刻、絵画においてと同様、音楽においても大事なのは、どのような出自の主題を使うかではなく、それをいかにして使うかなのだ。この「いかにして」の中に、芸術家の能力、形を作り出して表現する力量、当人の個性が現れるのである。

　この問題については別な角度からも考えられる。

ヨーハン・セバスティアン・バッハは確実に、彼以前の一〇〇年あまりにわたる時代の音楽の偉大な綜合者だった。彼の音楽の素材、つまりモティーフや主題の大部分は彼の時代、より正確には彼の先人たちの時代に知られていた定型的表現にほかならない。バッハの音楽には、フレスコバルディや他の大勢のバッハ以前の作曲家たちの音楽においても見出せる定型的表現が数え切れないほどある。だが、そのことは問題だろうか、剽窃だろうか？　けっしてそうではないだろう！　というのはどのような芸術も、他の、先行する芸術に根を下ろす権利を持っているからである。さらに言えば、権利を持つだけではなく、根を下ろさなくてはならないのだ。それならば、根を提供する役割を民俗的な芸術に与えてはならないことが、どうしてありえようか？

　主題の着想に重きを置く考え方は実のところ、一九世紀に定着したものでしかない。それはすべてに関して独自性を追い求めなくてはならないという、ロマン主義特有の考え方に基づいたものなのだ。

　以上のすべてから説明がつくだろう。作曲家が自身の芸術をブラームスやシューマン〔の音楽〕ではなく、自国の民俗音楽の土壌に根づかせたからといって、それは「才能の枯渇」や「力量不足」を意味するわけではないのである。

　一方、これとは全く対照的な考え方もある。多くの人が、国民的な音楽芸術を開花させるには、民俗音楽を研究して、その定型的表現を西欧の音楽の定型的表現の中に移し替えさえすれば良いと信じているのだ。

　この考え方には、先ほどのものと全く同じ問題点がある。

　つまり、こうした考え方を唱える人々は、あまりにも主題を優先的に考えているのだ。形式を作り出すことが事実上の創作であるのに、そのことの重要性まで考えが及ばない。

ところが形式を作り出すところこそ、本当の力の見せ所なのである。

したがってこのように言えよう。民俗音楽が芸術的な意義を持ちうるのは、形式を作り出す確かな力量を持つ音楽家の手で、それ〔民俗音楽〕がより高次な芸術に浸透し、より高次な芸術に影響を与えることができたときのみのことである。

力量のない人々のもとでは、民俗音楽も他の音楽的素材もいかなる意義をも持ちえない。言い換えれば、民俗音楽や他のものに頼っても、力量の不足は解決できない。結果はいずれにしても、ゼロなのだ。

主として他の音楽的伝統がほとんどなく、そのわずかな伝統もさほどの重要性を持たない国々において、民俗音楽は他にかえられない大きな重要性と役割を持つ。東ヨーロッパや南ヨーロッパの大部分がそうした国々であり、ハンガリーもまたそこに含まれる。

これに関連する民俗音楽の役割についてコダーイが述べている文章を、最後に引用させてもらおう。

「昔のハンガリー音楽について、あまりにもわずかな記録しか残っていないため、ハンガリー音楽史を民俗音楽ぬきに思い浮かべることはできない。ちょうど民衆言語が多くの点で古い言語と共通点を持つのと同様に、民俗音楽は欠けている歴史の記憶を補ってくれる。すでに数世紀も前に独自な音楽様式を生み出した諸民族の場合以上に、われわれにとって民俗音楽は芸術的に、より多くのことを意味しているのだ。前者〔独自な音楽様式を生み出した諸民族）においては民俗音楽が芸術音楽の中に吸収されているため、ドイツの音楽家はバッハやベートーヴェンの音楽の中に、われわれが村落でのみ探すことのできるもの、すなわち国民的伝統の有機的生命も見出すのである。」

訳注

〔1〕本書ではハンガリー語の népies müzene、népies müdal、およびそれに対応する英語やドイツ語の表現に対して、それぞれ「民俗調の芸術音楽」、「民俗調の芸術歌曲」という訳語をあてるが、ここで「芸術音楽」、「芸術歌曲」と言う際の「芸術（mü）」にはいわゆる芸術的価値を示唆する意味合いは特になく、「つくられた、人工の」という程度の意味合いしかないことをことわっておく。

〔2〕ここまでの文章の中でバルトークはたしかに「農民（paraszt）」という言葉を何度も使っているが、「農民風（paraszti）」という形容詞は一度も使っていない。一方、「原初的（primitív）」という形容詞は一度だけ使っている。

〔3〕イギリスの音楽雑誌『サックバット』に一九二一年に発表した論文「現代の芸術音楽の発展に対する民謡の関係」においてバルトークは、一九世紀クロアチアの音楽学者フラーニョ・クハッチ（一八三四―一九一一）の編纂した『南スラヴ民謡集（*Južno-slovjenske narodne popievke*）』（一八七八―一八八一）から譜例を引き、ベートーヴェンが『田園』交響曲第一主題を書く際、南スラヴの民謡を利用したことを主張している。

〔4〕「おお可愛いアウグスティン」は有名なオーストリア民謡。「犬、まだらの犬」はハンガリーでよく知られた童謡である。

なぜ、そしていかに民俗音楽を採集するのか

民謡は……現実には人が歌ったり、演奏したりする瞬間にしか存在しない。そしてそれは歌い手の意思によってしか、歌い手が望むかたちでしか生命を保てない。そこでは創造と解釈が混じり合う……その度合いは、書かれたものや印刷されたものに土台を置く音楽実践には全く見られないほどのものだ。

（ブライロイユ『音楽伝承研究の方法論素描』）

およそ一五〇年前、ヨーロッパ中で村の芸術に対する関心が生まれ、民謡採集が行われるようになった時、採集者たちが指針としたのは美的な観点以外のほとんど何物でもなかった。彼らはできるだけ美しく、芸術的に見てできるだけ価値のある歌詞や旋律を得ようとして、ペンと紙を手に取った。民謡のできるだけ「もとのままの」、「劣化していない」形を見つけようとしたのだ。もしそれがうまくいかない場合、彼らは複数のヴァージョンをもとに――彼らが考えるところの――より正しい形を再構築した。こうして整えられ、「改訂された」民謡が、公衆を楽しませたり、芸術家たちを学ばせたりするために出版さ

れた。なるほど、詩人や作曲家は学習した。出来栄えはそれぞれ異なっていたにせよ、彼らは民衆詩や古い旋律を模倣しはじめたのだ。旋律には器楽や声楽で伴奏がつけられた。聴衆がそれらを裸の姿より、むしろ衣装をあてがった姿で受け取ることを望んだからである。民俗音楽の旋律をもとに、幻想曲やラプソディが作られることもあった。こうしたことが当時の採集の実際上の目的であり、唯一の目的でもあったのだ。

ところが時が経ち、作業の中で採集者たちは独特な現象に気づきはじめた。民謡のヴァリアントの相違に非常にしばしば、一定の法則性があることを意識するようになったのだ！　もし法則性があるならば、多分、ヴァリアントの相違について一方を「誤り」ないし「劣化した形」、他方を「本物」ないし「もとのままの形」などと安易に呼んですませられないことになる。言語を異にする諸民族の民謡を比較するうちに、彼らは共通の旋律、共通の歌詞、共通の旋律形が存在することを驚きとともに発見した。あるいは他方——その逆に——ある種の旋律や旋律の様式は周囲からはっきりと区別されるような、限られた地域にしか見出されないことを知った。驚きとともに彼らは、特定の——発声法、音色、テンポ、およびほかの多くの細かい事柄に関する——演奏の仕方が、ある民族や地域の民俗音楽を大いに特徴づける属性となっていることに気づいた。じつは記譜可能な旋律の構成音ばかりではなく、演奏手段のような、演奏にかかわるほかの特性もまた、同じように重要な事柄だったのだ。そして次第に彼らは、小さな変化が——主に旋律の装飾音に関して――詩節ごとに生じるのは、歌い手が下手であったり、彼らが「間違って」旋律をおぼえていたりするためではなく、民謡のもっとも特徴的で、不可欠な独自性の一つが、まさにこの変わりやすさにあるためであることにも気づきはじめた。民俗音楽の旋律は生き物のように、分ごと、瞬間ごとに変化する。それゆえに、しかじかの旋律は自分がしかじかの場所で記譜した通りの形をしている、などとは言えず、それはその時、その瞬間にしかじかのようであったとしか言えない。かりに正しく記譜していたとしても、である（付け加えるならば、民俗音楽のこのような演奏のあり方は偉大な演奏家たちの演奏のあり方と非常によく似ている。どちらも教え込まれた画一性ではなく、変化する多様性を示しているのだ）。最後に人々は、民俗音楽がいかに個人的芸術ではないか、表現の共同体的性格がどのくらい民俗音楽の本質にかかわっているのかを理解しはじめた。そしてこれに関連して、民俗音楽が実際のところ、村の生活のあらゆる重要な出来事に有機的にかかわっているという事実に採集者たちの注意は向けられるようになった。明らかにあらゆる民俗音楽は、村の共同体における何らかの営みに元来、結びついていたのだ。

以上のような認識が、民謡採集の方法と目的をゆっくりとではあれ、すっかり変えてしまった。昔ながらの愛好家による採集活動にかわり、組織立った科学的研究が登場した。初期の採集者は、たとえ望んだとしても、科学的観点から見て満足のいく調査結果に到達できなかった。もっとも重要な道具であるフォノグラフを持っていなかったからである。

今日の採集者はありとあらゆる計測機器や記録機器を手に仕事に取り掛かるので、個々の旋律の「スナップショット」をこれ以上ないほど正確に記述できる。もちろん、道具の完全な装備だけでは十分ではない。知的な面でも同じくらい、できるだけ完全に装備しておくことが重要なのである。理想を言えば、民俗音楽の採集者は真の博識家でなくてはならない。土地の方言の微細な陰影に気づき、書き留めるには、語学や音声学の知識が必要となる。民俗音楽と民俗舞踊との関係を正確に記述するには、振付家でなくてはならない。民俗音楽と民間習俗との関係を細部にわたって論じることは、伝承研究全般の知識があってはじめてできよう。村の集団生活を妨げる諸変化が民俗音楽に及ぼした影響を検証するには、社会学者でなくてはならない。最終的な結論を引き出す時には歴史、とりわけ集落の歴史の知識が必要となる。もし言語を異にする諸民族の音楽を自民族のそれと比較したいのならば、さまざまな他言語も習得しなくてはならないだろう。そしてよい耳とよい注意力を持った音楽家であることは、以上すべてにまさる必須条件である。これだけの能力、知識、経験が集約された採集者は、私の知るかぎりこれまで一人も存在しなかったし、多分この先もけっして存在しないだろう。つまり、今日のわれわれの考え方からすれば、申し分のない民俗音楽研究は一人の手ではなされえないのだ。

二人の研究者、たとえば言語学者と音楽家が一緒に働く、というように作業を分けて行えば、もしかしたら完璧に近い成果が得られるかもしれない。しかしながら一般にこうした解決法は――財政的、ないしそのほかの理由から――なかなか実現に至らないのである。

＊

最新の方法に基づいた調査を行い、特定地域の民俗音楽の様子が多少ともわかったところで、研究の第二部が始まる。民謡を地域ごとに照合しながら、何が共通しており、何が異なるのかを解明しなくてはならない。いわば音楽伝承の記述的研究にかわり、比較研究の番がやってくるのだ。ちょうど姉妹学問である比較言語学の場合と同じように、この比較研究ではじつに驚くべき現象が幾度もわれわれの前に姿を現す。二つだけ例をあげたい。一九一二年に私はマーラマロシュ県〔現ウクライナ領ザカルパッチャ州の一部と現ルーマニア領マラムレシュ県に相当〕のルーマニア人たちのもとで、東方的な色合いの、即興のように歌われる非常に装飾的な旋律を発見した。〔1〕それとよく似た様式の旋律を私は一九一三年に、中部アルジェリアのサハラ砂漠ぞいの村で見つけた。間を隔てる二〇〇〇キロ以上もの距離を乗り越えて、二つの地域に因果関係を見出すことなど、誰が思いつくだろう？　ところがそのうちに――立て続けに――同じ旋律の種類がウクライナ、イラク、ペルシャ、およびび以前のルーマニア王国でもよく知られていることが判明した。その時にはもはや、偶然の一致ではありえないのは明白だった。疑いなくペルシャやアラブに由来を持つこの旋律様式は、（オスマン系トルコ人やブルガリア人のもとにそれが存在するのか、あるいはかつて存在していたのか、まだ分かっていないため）さしあたり説明できない経緯により、はるばるウクライナにまで入り込んだのだ。

もう一つの例はわれわれにとって一層大きな意味を持つ。すでに二五年も前から知られているように、もっとも古いハンガリーの民俗的旋律はある種の五音音階のシステムと、いわゆる「下降する」旋律構造〔2〕を主な特徴とする。当時知られていた中国音楽の五音音階のシステムはわれわれのものと必ずしも一致しておらず、旋律構造も全く異なっていた。それでもわれわれは——すでに当時から——自分たちの五音音階に何らかのアジアの音楽文化の痕跡を漠然と感じていた。するとなんと、最近紹介されたヴォルガ河畔に住むチェレミス人の旋律のかなりの部分が、当時われわれが予感していたことの正しさを証明してくれた。全く同じ五音音階のシステム、全く同じ下降する旋律構造、さらにはハンガリーの旋律のヴァリアントまでもわれわれはそこに見出せたのである。

これらの一致をいかにして、何によって説明できるだろうか？　どのような経緯から同じ一つの音楽文化が、互いに数千キロも隔たった諸民族のもと、幾世紀にもわたり残り得たのだろうか？　これらの問題をもってわれわれは、民謡研究のもっとも刺激的な一章にたどりつく。それは私が「音楽伝承における要因究明研究」とでも名づけたい一章である。もっとも刺激的な一章は、同時にもっとも悲しむべき一章でもある。というのもわれわれが原因を究明して、相互関係を解き明かすには何が必要だろう？　データ、データ、さらに数十万ものデータである！　一方、われわれが経験するのは何だろうか？　組織だった科学的研究が行われている国がほんのわずかしかない、ということである。重要な領域、たとえばギリシャやトルコ、中央アジアの全域が、民俗音楽の観点からみればいわば全く未知のままなのだ。諸民族が互いに啓発し合う「精神的協力」がどこかで必要だとすれば、まさにこの領域においてこそ、それは切実に求められている〔バルトークは当時、国際連盟の「精神的協力委員会」の委員でもあった〕。ところがこうした「精神的協力」はすでに評判が悪く、ほかのあらゆる領域と同様、この領域においてもほとんど完全な破綻をきたしつつある。その点については多くのことが言われてきたが、それら数多くの演説が実践にもたらした効果は、ほとんど見て取れない。その一方で民俗音楽研究において、どれほど多くの問いが回答を待っていることだろう！　互いに遠く隔たった諸民族の太古における文化的関係を明らかにすることは可能だろうし、そうしなくてはならない。定住の問題、歴史の問題をわれわれは解明できるだろうし、隣接する諸民族間の接触の仕方や気質の類縁性、あるいはその対照的なあり方を示せるだろう。

このような問いを解くことこそ、民謡研究の究極的目標と考えられる。もしこの若い学問領域が、もはやほとんど実用的とさえ言っていい、こうした目標に良心的に奉仕するならば、いずれそれは正当な資格で、古くからある学問領域と肩を並べるようになるだろう。加えて他方では、人々が研究を始めた当時、唯一の利点と見なしていたあの利点も残るはずである。それはすなわち、感受性――野生の花の美しさに対する感受性をまだ保っているすべての人々に美的な快感情をもたらしうるという、あの利点である。多分言うまでもないことだが、規則的にきれいに刈り込まれ、「改訂された」民俗音楽の楽譜を出版することより、科学的な要求に応えた、信頼に足る報告を行うことの方が、この目的にも一層かなっているはずなのだ。

＊

ここまで、民俗音楽を採集する目的とは何かを考えてきた。ここからは、どのように民俗音楽を採集するべきかという点について、いくつか述べておきたい。

最初になすべきなのは採集作業の準備であり、その準備はすでに採集された民謡集を大まかに調べることでなされる。先行するコレクションに何が欠けているかを知り、足りない部分にわれわれ自身の採集が対応するよう、調べておかなくてはならない。たとえば、以前の採集者たちの民謡集に特定の種類の歌がほとんど含まれていなかったり、全くなかったりする場合、特にそうしたものを探し出すよう、われわれはつとめることとなるだろう。もし以前の採集者たちが特定の地域でまだ採集を行っていなかったならば、なるべくそれらの地域を訪れよう。他方、これとは逆の示唆も既存のコレクションから得られる。コレクション中に特定地域に由来する民謡が豊富にあり、それらが当該地域に未知の旋律がなお数多く隠れていることを示唆しているならば、当然ながらわれわれはこの肥沃な、無尽蔵に見える地域を避けるべきではない。すでに採集された民謡について可能な限り知っておくことは、いくつかの重要なヴァリアントのグループに通じておく意味でも有益だろう。以上で述べた知的な意味での準備がなるべく完璧であったほうが良いのは明らかである。採集する地域を選ぶ際には、さらに歴史学的要因、民族誌的要因、その他の要因も指標となる。外部の影響、都市の影響が少ない村々からはより多くの成果が期待できるだろう。たとえば鉱山地帯は難点がないとは言えない。そうした場所はあまりにも——言ってみれば——「来客が多すぎる」からである。同様に、あまりにもあちこちを出歩く村の行商人から採集することも、あまりすすめられない。古くから人々が暮らしてきた村々であればあるほど採集には良い。そこでは村の生活は数世紀にもわたり書かれざる決まりにしたがって営まれてきたし、今も営まれているからだ。まさに同じ理由から、たとえば大農場の労働者集落では一般に、あまり良い民謡は得られない。住人たちがさまざまな地方から集まってきた人々であり、村の生活を一つに囲い込むような、閉じた障壁がそこに欠けているためである。

できるだけ現場、つまり村そのものの中で採集すべきであることを、特に強調しなくてはならない。外の世界に投げ出された村人たち、たとえばブダペストにやって来た奉公人や行商人、捕虜から採集することはあまりすすめられない。故郷を離れた人間は、歌い方も変わるほど、故郷の音楽的共同体から縁遠くなってしまうことがあるためである。たとえ演奏に変化が見られず、彼らから良い歌を良い演奏で採集できたとしても、そこには一点、大きな欠陥が残るだろう。それはつまり、歌い手と村の仲間たちとの相互のやり取りや、数多くの村人たちがいる場所で採集したときにはじめて生まれる、採集作業のあの生き生きとした雰囲気が抜け落ちる、ということだ。それが大きな欠陥だというのは、数多くの村人がいれば、一人の歌に対して他の者たちが間違いを訂正したり、記憶を呼び戻したりというように、反応できることによる。一人が口ずさんだことから、もう一人がほかの、場合によってはとても重要な、補足すべき単語や歌を思い出すこともある。言うまでもないことだが、歌が実際に生命を保ち、その機能を果たしている様子をわれわれが観察できるのは、共同体においてのみなのだ。

もちろん、以上すべての要求を絶対に満たさなくてはならないわけではない。労働者集落でけっして採集してはならないわけでも、都市にやって来た個々人からけっして採集してはならないわけでもない。要は、さほど良くないもののためにより良いものを取りこぼさないようにしよう、ということと、必ずしも問題がないとは言えない場所で得られた民謡をより批判的に、より懐疑的な態度で受け止めてほしい、ということとを言いたいだけなのだ。

とはいえ、絶対にしてはならないことがある。紳士階級の人々からは決して採集してはならない、ということだ。それはあってはならないことだからである。民俗音楽を研究している者が皆、少なくとも大まかにはこの音楽の本質を理解している今日、このことについて述べるのはほとんど余計に見えるかもしれない。たしかにそうだ。もし……もしそれほど前ではなく、ほんの一年半前に、わが国の年配の民間伝承研究者で、ご自身も民謡採集を行っている人物が、ある地方の紳士を民謡の「本物の宝庫」として、大真面目にハンガリー科学アカデミー民族学委員会に推奨しなかったとすれば。

今日の民俗音楽研究では、フォノグラフないしグラモフォンによる採集はもはや必須条件と見なされている。実際、録音も存在する民謡だけが、科学的観点から見て本当に信頼できる資料なのだ。記譜を行う者がどれほど有能だったとしても、ある種の微妙な陰影（つかの間の経過音、グリッサンド、音価の相互関係のごく細部に至るまで）を本当に正確に記すことはできない。というのもそれらの――一見計測不能に見える――細かな事柄は、演奏ごとに変化するからだ。旋律を歌ってもらうたびに、主要な音は変わらないとしても、これらの細かい装飾的要素は毎回、変化する。したがって最良の場合でも、われわれはほどほどの、平均的な演奏しか記譜できない。ところがその楽譜は結局のところ、旋律をそれが実際に存在しなかった形で表すものでしかないのだ。――もっとも、かりに超自然的な能力を備えた採集者が、旋律を一度聞いただけであらゆる微妙な陰影とともにそれをうまく書き取れたとしても、目的に副《そ》う記号体系がないために、全く記譜できない事柄が残る。それは民謡の発声法であり、音色である。これについては回りくどく言葉を費やすのがせいぜいのところだが、その説明にほとんど利点はない。というのも説明から音色を想像することができないからである。だからこそ採集でフォノグラフを使うことは大事なのだ！――それほど決定的とは言えないものの、フォノグラフにはほかの利点もある。歌い手、奏者、採集者を等しく重労働から救ってくれる点がそうだ。一〇回、二〇回演奏するかわりに、〔フォノグラフに〕歌をほんの一回、旋律をほんの二、三回吹きこみさえすれば、それで十分だからである。さらに言えば、フォノグラフの録音を記譜するとき、回転を遅くすることもできる（録音時の速さの半分にするのが、もっとも目的に適っていよう。もちろん、これによって録音の音高は一オクターヴ低くなる）。このやり方で非常に複雑であったり、ほとんど聞こえなかったりする装飾やリズムの陰影も、自然状態で何度聴いてもけっしてなしえない精度で記譜できるだろう。そして最後に言わなくてはならないのは、フォノグラフが民謡採集および民謡研究のプロセスから可能な限り主観的な要素を除外しようという、あの理念上の目標に到達するための最上の補助手段の一つだということである。もちろん、それは補助手段に過ぎず、それさえあれば目標が実現するわけではない。なぜならばこうした理念上の目標は、あらゆる仕事が機械に託されるその日まで、そもそも到達不可能だからである（そしてその日がいつか来ることは、ほとんど考えられない）。作業のプロセスに人間の仕事も含まれるかぎり、記譜においても分類においても、多かれ少なかれ主観的な要素は残る。というのも人間は機械になれないからである！

ふさわしい準備を終えた後が、採集現場への移動である。現場にいつ入るかという問題は、どうでも良い事柄ではない。村人たちが一番時間のあるときに採集旅行を行う方が良いのだ。もちろん、特定の民間習俗と関連する音楽をその習俗とともに調べたいのならば、当該行事の行われる日取りが決め手となるだろう。

次に続くのは、何を採集するべきか、という問題である。

理念上の一般原則から言えば、民俗音楽の概念にあてはまるすべてのものを、つまり村人たちの間で一定期間、外からの強要なしに広く普及していたと仮定できるすべての旋律を、あらゆる地域において採集しなくてはならない。

それだから、ただ一人の村人しか知らない旋律については、もしその人物がどこか外部から、とりわけ都市から持ち帰ったことが明らかだったり、そのように仮定できたりするのならば、採集しないことにしよう。当然ながら村人たちが学校やラジオで学んだ歌を採集してはならない。そうした歌は、外からの干渉によって彼らの間に入り込んだものだからである。そのほかのあらゆる旋律をあらゆる村において——少なくとも原則上は——集めなくてはならない。ただし実際には、資金、時間、労働力の不足からこの要求を満たすことはできない。そして多くの場合、そうすることは必ずしも常に必要ではないのである。

たとえばわが国の村々ではどこでも、何百ものよく知られた民謡が今日もなお、歌われている（たとえば「耕すのは好きさ」、「デブレッェンに行かなくちゃ」、「このパンは丸いぞ」のような民謡がそうしたものだ）。これらの歌はどこでも一様に歌われるので、それを何百回も記録を取るのに時間を費やすのは全くの無駄と言える。これまでのわが国の採集記録は、これらの旋律がハンガリー人の住む領域全体でほぼ一様に知られてきたことを示している。この調査結果が容認できるものである以上、さらなる記録、さらなる調査時間を使ってそれを補強するのは、有害とすら言えよう。そうすることでほかの、より重要なデータを得る機会を逃してしまうからである。もちろん、ありきたりなほどによく知られた歌に関して、もし何か興味深い、これまでに知られていない一節を含むヴァージョンが出てきたら、そのときはこれを採集すべき民謡と見なさなくてはならない。

以上の最初の助言もすでに示唆するように、われわれは何らかの選択をしながら作業を進めなくてはならない。さらなる選択は、その古さがすでに判明している場合であれ、推定される場合であれ、古い状態の特徴をもっともよく示す民謡を優先して採集する、という指針のもとで行われる。同じ指針は旋律そのものについてのみならず、演奏についても適用されねばならない。この選択は、主にハンガリー語が話される地域において厄介な課題として採集者にのしかかる。というのは何よりもまず、われわれ〔ハンガリー人〕がすでにこうした古い状態から残念なほど遠ざかってしまったためである。民俗音楽において何が古い状態を示す主な特徴としてあげられるだろう？　村の音楽のどの種類も、書かれざる村のしきたりにしたがいつつ、特定の目的に寄与しているとすれば、まずそのことがあげられる。かつて人々が村々で歌ったり演奏したりしたのは、たまたまそうしたくなったからではない。習慣や伝統、村の生活を支配する巨大なしきたりが命じたからそのようにしたのだ。これは〔民俗音楽に関して〕しばしば言及される自発性という条件とやや矛盾するようだが、その矛盾は単なる見かけのものに過ぎない。というのも村人たちは避けられない必然性から、自発的に伝統の命ずるところにしたがうからである。クリスマスの祭礼はレゲシュ〔ハンガリーの民俗的な吟唱詩〕を歌って祝わなくてはならなかったし、婚礼は特定の儀式を伴ってはじめて執り行うことができた。収穫の際は収穫歌を歌わなくてはならず、ただそれだけを歌うべきだった。こうしたことを彼らはほかのあらゆる、生活上絶対に欠かせない行為と同じように、自然で必然的なことと見なしていたのである。一方、レゲシュや婚礼歌、収穫歌をクリスマスや婚礼、収穫とかかわりのない別の機会に単に歌いたいから歌ったとすれば、人々はそれを全く不適切で、ありうべからざることのように感じただろう。わが国で科学的な採集が始まった今世紀初めには、このような太古の状態を調査することがすでに手遅れになっていた。おそらくハンガリー語が話される地域の大部分ではすでに大分以前から、村の生活のこうした厳格で儀礼的な決まりは姿を消していたのだ。

二五年から三〇年ほど前にはもはやこうした儀礼に結びつく旋律はごくまれにしか見出せなかったし、そのうちのほとんどは、どちらかと言えば言語境界ぞいの、遠隔地の古風な村々にあった（たとえばトランスダニューブ地方のレゲシュなど）。ハンガリー大平原には痕跡すら残っていなかった。スロヴァキア人の場合ならば、今もなおどの村にも一連の婚礼歌が残っているにもかかわらず、である。彼らのもとでは婚礼とその準備の一つ一つの段階について、それぞれ別々の歌がある。夏至の歌、収穫歌、干し草集めの歌、復活祭の歌、子守唄などを彼らは持っている。ハンガリー人がかつて子守唄を持っていた可能性があることは、たとえば「子供をあやす」特別な単語だけからでも推測できよう。トランシルヴァニア地方に伝わるバラッドの歌詞の冒頭に「ベリ、坊や、ベリ、お前は父さんの子じゃないよ」という詩句が残っているのだ。(1)

それでは古い時代のうちから何がそれでも残ったのか？　私がかつて「機会に結びつかない歌」と呼んだもの〔儀礼や年中行事とかかわりを持たない歌〕が残ったのだ。(2)もっとも、それらもかつては何らかの特定の機会、たとえば紡ぎ小屋での集団生活やカラーカ、あるいは今はもう解明できない、ほかの機会に結びついていた可能性が、ますます高まりつつある。多少とも古い踊り歌や遊び歌も部分的に残った。そして最後に、ハンガリーのいわゆる新しい旋律〔新しいタイプのハンガリー民謡〕が残った。「新しい」というのは、それらが出来上がったのがまだそれほど昔ではないことによる。とにかく今日の採集者は、以上にあげた種類にのみ注意を払えばよい。ただ非常に厄介なのは、見出される民謡のほぼ九〇パーセントが今言及した新しいタイプのハンガリー民謡に相当する点である。この種類についてはすでに数千もの記録と録音が存在する。だから採集者は主に残りの一〇パーセントに注意を向けなくてはならない。ただ、まさにそれらを見つけ出すことが、非常に難しい。実質的に、すでに老人だけしかそうした曲のいずれかについて知らないからである。第一にわれわれが何を求めているのか、老人たちに理解させることが難しい。もしわれわれが古い歌を歌ってくれるように頼めば、彼らは「この深い森をわしは行く」〔よく知られた「マジャル・ノータ」の一つ〕のたぐいを持ち出したり、いわゆる新しい〔タイプの〕旋律を持ち出したりする。後者は彼らが子供だったときすでに流行していたので、彼らにとっては「非常に古い」のだ。われわれが本当に古い旋律をいくつか彼らに歌ってやれば一番良く、そうすれば一番手際よく事柄の核心へと彼らを導けるだろう。こうすればほかのことはともかく、もしかすると（古い旋律の）価値の高いヴァージョンを得られるかもしれない。というのも何一つ知られていない旋律や旋律型を発見することは全く、あるいはほとんど望めないからである。一方、これまでのわが国〔ハンガリー〕のコレクションには「一つきりの」旋律、つまり例が一つだけしかないものやヴァリアント・グループに二、三のヴァリアントしか含まれないものがあり、それらはかなりの数にのぼっている。もしそれらのヴァリアントが探し出せれば、それは非常に重要であり、有益と言えるだろう。

同様に、古い芸術歌曲の民謡風のヴァリアントをなるべく多く見つけることもまた必要である。たとえばわれわれは「ティサ川の向こう、ドナウ川の向こう」で始まる歌に関して非常に多くの、互いに非常に異なる民謡風のヴァリアントを知っているが、この歌は明らかに数百年前の芸術歌曲に由来している（芸術歌曲の歌詞をタイ〔Kálmán Thaly, 一八三九－一九〇九〕は『戦士の歌』第二巻三〇八～三一〇頁に、エルデーイ・ヤーノシュ〔János Erdélyi, 一八一四－六八〕は短いヴァージョンで『民謡と伝説』第一巻二六六頁の第三〇六番に掲載している）。この旋律についてさらに多くの民謡風のヴァリアントを得ることは非常に重要だろう。それらのうちに――残念ながら未だ知られていない――芸術歌曲から民謡へと向かう過渡的なヴァリアントがもしかすると一つか二つ、あるかもしれないからである。こうした古い芸術歌曲をもとに、これら古い歌のうちの何がどのような形で村に残ったのか、若い採集者たちは調査しなければならない。

いわゆる「組み合わせ歌」や「縁結び歌」のグループには、もしかすると価値の高い歌がまだかなり数多くあるかもしれない。最古層の、幾千年もの歳月を経た民謡には属さないにせよ、これらの歌は多くの点で興味深く、貴重な価値を持つ。できればこれらのうちから、いわゆる「新しい」旋律以外の旋律にのせて歌われるものを採集するようにつとめよう。

＊

歌い手の信頼、とくに老人たちの信頼をどうすれば得られるかという点について、助言を箇条書きで示すのは難しい。一つたしかなのは——採集に赴く者ならば、いずれにせよ承知しているはずだが——命令口調では何も成し遂げられない、ということだ。せいぜい地方暮らしの、命令を下すのに慣れきった紳士たちくらいしか、そのようなことが許されるとは考えないだろう。たまに老人たちへのある種の配慮から、「集団」ぐるみでの採集を断念しなくてはならないことがある。調査対象の老人がとても恥ずかしがっているのがわかったときがそれだ。その場合には老人と二人きりになるのがよい。

歌う意欲を高めるのに、かつてはフォノグラフが大いに役立った。それは主に、録音を直ちに再生できたからである。録音した歌が鳴り響けば、そのことが大抵、歌い手たちを大いに歓ばせた。もしフォノグラフに自分の名前を吹き込めたり（「私こと何某がしかじかの場所、しかじかの機会に歌いました」）、歌の後にときどき何か愉快な文句を挿入できたりすれば、そうしたこともまた歌い手を奮い立たせた。愉快な見世物師の——つまり採集者の——噂はたちまち村中を駆け巡り、農家の一室は次第に、ほとんど息もつけないほど満員となった。そうしたときは大抵、収穫が多かった。見物人の多くが、自分も機械に歌を吹き込み、声を聞けるようにするには何を持ち出せばよいか、懸命に考えてくれたからである。

一般に女性たちの方が男性たちより多くの歌を知っており、より確固たる調子で歌う。これにはいくつもの理由が考えられる。男性たちの方がどちらかと言えば行き来がはげしく、仕事の性質もまた、歌うように彼らを促さないのかもしれない。男性たちは歌のような——彼らの考えでは——取るに足らないものをあまり気に留めない。居酒屋に行く機会が多いことも——一般に考えられているのとは逆に——彼らが多くのレパートリーを維持することを難しくしている。特定の習俗に関連する歌（たとえば婚礼歌や葬儀の歌）について、かつては婦人たちや若い娘たちしか歌うべきとされていなかったことも、レパートリーの維持に影響を与えている。以上のことから、いわゆる「歌のなる樹」（村人の間で、非常に多くの歌を憶えていることで知られる農民）を探すのならば、その「樹」はなるべく女性の方が良い。なぜなら男性の「歌のなる樹」には、しばしばひどい目に遭わされるからである。彼らはありとあらゆるところから集めてきた、村とは縁もゆかりもない歌を持ち出してくるのだ。

時間をかけた説得の末、ようやく歌い手が歌い出してくれたとしても、ふさわしくない曲から始まることがしばしばある。そのようなときは歌い手のやる気をゆめゆめそがぬよう、記録を取るふりをするのが良い。もしかしたらもっとふさわしい曲が後から出てくるかもしれないからだ。こうしたたぐいの小さな計略は採集者を何度も助けてくれることだろう。

とはいえ、いかに上手に、工夫しながら採集を行ったとしても、それに見合う獲物がフォノグラフの前にやってくるか否かは多くの場合——ちょうど狩りと同様——運次第である。それほどまでに価値の高い古い歌はわが国において滅びつつあるのだ！

＊

時折、旋律は良くても、演奏はそうでもないことがある。わざとらしいのだ。旋律だけではなく演奏の選び方についても、過去の再現が指針となるので、このように不適当なやり方で歌う者はできる限り避けよう。とりわけ男性たち、それも若い男性たちの間ではすでに何十年も前から、少し斜に構えた歌い方、つまり音と音との間のあちこちでグリッサンドをかけながら、舞曲風のリズムを感傷的に、好き勝手に引き延ばす歌い方が流行している。私の考えるところ、これは都市のジプシーたちの演奏や紳士階級の歌の嘆かわしい影響によるものだ。たしかに、美的な意味では底が浅く感じられるとはいえ、科学的な観点から言えば、この変わり果てた歌い方もまた研究されなくてはならない。ただ、いずれにしてもこうした歌い方については新旧の録音を通じてわれわれはすでに飽き飽きするほど知っているのだから、状況次第ではこのような歌い手から何も採集しないことにしよう。

旋律を採譜する際にはできる限りテンポを正確に——メトロノームを使って——特定し

なくてはならない。フォノグラフなしで採集する場合にはストップウォッチで詩節ごとの演奏時間も計測しよう。演奏の正確な音高も知っておかなくてはならない。

もしフォノグラフを使って採集するのならば、いかにして、何を録音すればよいかが問題となる。原則的には採集した民謡はすべて録音しなくてはならない。ただ、フォノグラフの蠟菅は高価なので、大抵の場合――少なくともハンガリー民謡やそれに類するものを採集する場合――まずは前述したような、演奏ごとに変化する要素が比較的多い旋律を録り、次に器楽を録るのがよい。その後でそれ以外の、比較的単純な（つまり聴きながらでも比較的容易に採譜できる）旋律を録ることにしよう。どの歌についても少なくとも二つの詩節を、非常に装飾的だったり、他の点で特徴的だったりする旋律についてはそれ以上（場合によってはすべて）の詩節を録音しなくてはならない。もし当該の歌が詩節を一つしか持たないならば、その一つを最低でも二回録音することとしよう。

一連の録音を始める前にはいつも、フォノグラフの回転速度を点検しなくてはならない。もっとも適切なのは一分あたり一六〇回転の速度である。標準的な「一点イ音」の音叉の音も蠟管ごとに、どこか適当な場所で（もっとも適切なのは蠟管の最初か最後である）少なくとも六秒から八秒くらいの長さで録っておこう。この手間をかけることで、回転速度の異なる機械を標準的な一分あたり一六〇回転の速度に調節するのが容易になるはずだ。もっとも、少なくともハンガリー民謡やそれに類するものを採集する場合、フォノグラフの使用によって現場で記録を取る必要性がなくなるわけではない。注意すべきなのは、歌い手がフォノグラフに歌を吹き込む際、どこかを一貫してゆがめて歌うことがある点だ。その場合、現場で書き留めた、より正確な（ないし、より正確に見える）形態について、録音の最終的な記録シートの中で言及しなくてはならない。さらに言えば、いかに不十分とはいえ、現場での採譜だけが、採集ですでに得られた民謡について多少なりとも俯瞰的なイメージを与えてくれることがある。この俯瞰性は非常に重要な要素である。というのもこれを頼りにしてはじめて、後の採集作業において、以前に集めた旋律のヴァリアントを探し出せるからであり、後に現れたヴァリアントがフォノグラフで録音するのに値するほどの差異を示しているかどうか、点検できるからである。器楽の採集に関しては、現場の採譜はむしろ行わなくとも良い。なぜなら第一に、器楽の——通常は「プロの」——奏者たちは一般に、自分たちの仕事をよく心得ており、あまり間違いを犯さないからである。そして第二に、器楽曲の場合、録音する必要もないほどわずかな差異しか見られないヴァリアントというのはまず考えられないという事情もある。——歌詞のすべての詩節もまた現場でできるだけ忠実に、詩節を正確に書き分けながら記録しなくてはならない。もし後半のどこかの詩節で（音節数や行数の違いのためか、あるいはほかの原因から）旋律がこれまで歌われてきたものとは決まって異なる形で歌われるのならば、その違いを正確に書き留めなくてはならない（これは主にフォノグラフで録音していない詩節についての話である）。このように、現場でも旋律を記譜しなくてはならない理由は一つならずある。――これとは別に、フォノグラフで録音した詩節の歌詞については、録音後すぐ、歌い手の立会いのもと、調べておく必要がある。書き取った記録とところどころ異なる歌詞を歌い手がフォノグラフに吹き込んでいないかどうか、調べなくてはならない。もしこの機会を逃せば、帰ってから多くの労力を無駄に費やすことになるかもしれない。あろうことか、フォノグラフから歌詞の違いを聞き取り、解釈せねばならなくなるからだ。

ここまでは単純に、独立した物としての歌の採集だけを問題にしてきた。しかしこれだけでは十分ではない。というのもこれでは、甲虫や蝶の採集家がさまざまな甲虫や蝶を採集・整理して満足するのと変わりがないからである。しかしもしそれだけで満足するのならば、そのコレクションは生活から切り離された、死んだ資料にすぎない。だからこそ本物の自然科学者はただ単に動物を集めて、標本にするだけではなく、動物たちの生活のあらゆる隠された動因についても可能な限り研究し、記述するのである。もちろん、たとえ最大限に細かく記述しても、死んだ者を魔法で生き返らせることはできない。しかし少なくとも生活の味わいと香りとのいくばくかをすくい取り、死んだコレクションに込めることはできる。これと同じ理由から、民俗音楽の採集者もまた、一つ一つの旋律が現に生きている環境を端から端まで研究しつくさなくてはならないのだ。

何よりもまず、一人一人の歌い手に関していくつかの伝記的なデータを得なくてはならない。何歳なのか、どんな職業なのか、どれくらい学校に通ったのか、他の地方に行ったことはあるか、あるとすれば、どこにどれだけ行ったのか。男性ならば、兵隊だったことはあるか、どこにいつまでいたのか。場合によっては、歌い手の経済的な状況についても知らなくてはならない。比較的裕福なのか、それともかなり困窮しているのか。村の人々はその人物をどんな歌い手と呼んでいるのか。最後に、歌い手の技巧や知識、その特徴をいくつか記しておかなくてはならない。それから歌と歌い手との間の関係についても、いくつかのデータが必要だ。いつ、どこで、誰からその歌を学んだのか？　その人物以外の人々もその歌を知っているか？　ごくわずかの人々しか知らないのか、それとも多くの人々が知っているのか、村人ならば誰もが知っているのか？　どの歌が一番好きで、どの歌が一番嫌いなのか。またその理由は？　自分の歌った曲についての歌い手のコメントの中で、記録にとどめる価値のある事柄はほかにないか？　最後に、村の生活の中でその歌が果たしている役割についても記さなくてはならない。いつ歌う習わしになっているのか、いつ歌わなくてはならないのか、なぜ歌わなくてはならないのか、どのような民間習俗と、場合によっては遊びと関係があるのか（これに伴って民間習俗ないし遊びについての正確な記述が必要となる）。舞曲ならば、舞曲の名前や踊りの動作をできるだけ正確に記述することが重要となる。いつ、誰が踊る習わしになっているのか、誰が音楽を演奏するのか、踊りの途中で音楽と一緒に歌うのか、その場合は誰が歌うのか？　踊り手だけか、観客だけか、それとも全員なのか?
もし楽師の音楽が記録にふさわしいものに思えたのならば、それも同様に採集しなくてはならない。その場合、もし楽師が村で作られた楽器（バグパイプ、横笛、ツィターなど）を使っているならば、その楽器についての正確な、計測データつきの記述が必要となる。そのほかに楽器、および楽器のあらゆるパーツに関して、使用されている用語を知らなくてはならない。さらに、音楽に関する全般的な用語法にも注意を払う必要があるだろう。歌、旋律、歌詞、歌を歌うこと、音楽を演奏することなどを、楽師たちはどのような言葉で言い表しているのか。こうしたことは地方ごとに、変化するものなのだ。

外国の採集者たちがどれほど細かなことに気を配って作業しているのかを知ってもらうために、以下、コンスタンティン・ブライロイユ〔Constantin Brăiloiu, 一八九三―一九五八〕の研究から二箇所を引用しておきたい。

ブライロイユは単にルーマニアのもっとも優れた音楽伝承の研究者であるばかりではなく、全ヨーロッパの規模で見ても、最良の研究者のうちに属している。八五ページに及ぶある論文の中で彼はファガラシュ県〔現ルーマニア領ブラショフ県とシビウ県のそれぞれ一部に相当〕のたった一つの村で歌われる泣き歌を扱い、死者を弔う当地の儀礼を一つの民間習俗として、ほとんど極限に迫る細やかさで記述している[3]。コメントを得るために、彼は泣き歌を歌う女性たちに弔いの儀式の背景について質問し、彼女たちの回答を速記術で書き留めさせている。

以下、調査結果から一部だけ引用しよう（論文の九〜一〇ページより）。

死者のための泣き歌は伝統的なもので、礼儀上、歌わなくてはならないものである。伝統的というのは、『……わしらの村ではきまりであって、わしらだけじゃなくてひいじいさんやひいひいじいさんも同じようにしとった』（S・ラクの証言）ためである。

歌わなくてはならないというのは

『泣き歌を歌わねばならん……誰もそうしなかったら、えらい恥だ。身内が死んだのに、気にも留めておらんと言われるかもしれん……死んで喜んでおるのでは、とも言われかねん』（同一人物の証言）

泣き歌は苦しみを和らげてもくれる。

『もし誰かが悲しんでいたら、泣き歌を聞けば心が落ち着くはずさ』（R・ブネリウの証言）

『苦しくて胸が張り裂けそうなら、泣き歌で休みなく弔うのさ』（M・ルティアンの証言）

だからこそ泣き歌のない葬儀は考えられない。

『泣き歌なしの弔いなんてない。誰が死んでも泣き歌を歌うのさ』（S・ラクの証言）

葬儀において泣き歌は臨終の後すぐに始まり、墓場から退場する時、終了する。『誰かが死んだらすぐ、泣き歌が始まる。泣き歌を家で歌い、なきがらを墓場に運ぶときも……棺に土をかぶせる間も歌うのさ』（R・ブネリウの証言）

死者の家ではどんなときでも泣き歌を歌ってよい。さもなければそれは、葬礼の特定の段階に関係する。『わしらは歌いたいときに泣き歌を歌う……家では歌いたいだけ、できるだけ泣き歌を歌う』（S・ラクの証言）（ただし、ほかの証言者によれば）『装束を着せ、棺に入れるとき、何度も、何度も泣き歌を歌う。──鐘が鳴ったら、そのときも〔泣き歌を〕歌わなくてはならん』等々。

女性たちだけが泣き歌を歌うことを許されている。『男どもが泣き歌を歌うなんてとんでもない！　男どもは泣くだけさ』（S・ラクの証言）

一方女性たちは、子供時代から泣き歌を歌う。『おっ母さんが死んだとき、わしはまだ九つだった。そんなに小さくてもおっ母さんのために泣き歌を歌ったさ』（同一人物の証言）

子供たちはほかの人々から泣き歌を学ぶ。

『姉さんたちが泣き歌を歌うのを聞いて憶えたさ。ただ立って聞いていただけでも、頭の中に入ってきたら、それきり出て行くことはなかったさ』（Z・ドブロタの証言）
（この後、さらに三〇項目ほどの調査結果に関連して、さまざまな回答が続く。）

以上の引用からはっきり見て取れるのは、民間習俗の記述がどれほどまでに極端な、もっとも堅実なドイツ人科学者の精緻さも霞むほどの詳細さで行われうるかということである。原則的には、あらゆる村のあらゆる民間習俗に関する旋律を、これくらい徹底して記述すべきであることはたしかだろう。ただ、実際のところ、それは無理な相談と言える。そのために何百人もの研究者が極限まで働く必要があるからだ。やがて何千もの棚が書類で一杯になり、書類の山の中で人は行き先を見失ってしまうだろう。とはいえ、どこか一つの村を選び出し、その村のすべての音楽について同様の方法で調べ上げ、記述するのならば、それは非常に望ましいことと言える。

ブライロイユのもう一つの論文から[4]、バグパイプで演奏された舞曲の旋律に関する質問票（記入済みのもの）を紹介しよう。これはブカレストのルーマニア作曲家協会のフォノグラム・コレクションからのものである。

フォノグラム番号　Ｒｃ・二二三四

録音の場所と時期　ルンツ（ゴルジュ県）、一九三一年四月一四日
録音した曲の題名　人形の踊り、バグパイプの演奏による。
演奏者氏名　ドゥムトゥル・D・ヴルペ
出身地　ヴァレア・マレ（ゴルジュ県）
年齢　四五
職業　――
読み書き能力　なし
これまでに自分の生まれた村を離れたことがあるか？　もしそうだとすれば何回、どこへ行ったのか？　⑴フネドアラに一度、乾草集めに。⑵戦争で出征。⑶羊の群れとともに村の隣接地域を定期的にめぐり歩いた。
いつどこで、誰からこの歌を（旋律を）学んだのか？　昔、家で父親から。
注釈　演奏者は人形踊りを気晴らしに、あるいは親しい知人向けに演奏する。彼はこの曲（舞曲の旋律）が自分に幸運をもたらすと信じている。父親が彼に遺した人形は盗まれたが、かわりに彼は自分用に別の人形をこしらえた。村の楽師たちが忙しいときには、踊りの集いでも演奏する。彼は舞曲一曲につき、八レイから一〇レイを受け取る（踊りの集い全体を通して六〇レイほど稼ぐこともある）。小さな土地も所有している。あらゆる舞曲の旋律がバグパイプでも弾けるとは限らない、と彼は言う。

彼は笛やオカリナも吹ける。笛が吹ける者はバグパイプも吹ける、と彼は主張する。バグパイプは彼自身が「作った」（すなわち、彼自身が父親の遺したパイプにバッグを取り付けた）。父親もバグパイプ吹きだった。バグパイプ吹きとしての仕事は他のバグパイプ吹きから学んだ。――当該演奏者については写真とトーキー映画も作成済み。――人形踊りの記述は下記を参照のこと（別の質問票に言及）。

注釈をしておこう。バグパイプに関する記述をのぞけば、この質問票にはあらゆる重要なデータが記載されている。楽器の記述は明らかに別の機会に行われたのだ。

ここまででふれたことのほかに、以下の調査を実施することも望ましい。すなわち、個々の旋律を一人の歌い手（ないし歌い手のグループ）からだけではなく、もう一人の歌い手、場合によっては第三の歌い手（ないし歌い手のグループ）からも録音すること。あるいは同じ旋律を数日後に同一の歌い手（ないし歌い手のグループ）から録音し、演奏のテンポや音高などが変化するか、変化するならばどの程度においてなのかを点検すること。同一の旋律をさまざまな年齢の歌い手から別々に録音すること。一定の時間、たとえば一五〜二〇年が経過した後、同じ旋律を同じ村で①可能な限り、同じ歌い手から、あるいは②もっと若い世代の歌い手から録音すること。――もしある村で採集された民謡に相異なる音階を持つ旋律（正格の長調・短調、変格の長調・短調、フリギア終止のもの、いわゆる半終止のもの、いわゆる三度跳躍からなる音階）が含まれるならば、それら相異なる音階の旋律を同じ歌い手たちに特定の順番で、音高の選択を彼らにまかせつつ（いずれにせよ他の場合もできるだけそうしなくてはならないのだが）、続けて歌わせてみよう。この方法で歌い手が個々の音階間の特定の関係性を本能的に感じ取っているのかどうか、わかるはずである。たとえばもしある長調の旋律を一点ハ音の終止音で歌った後、半終止で終わる旋律を一点ニ音で終わるように歌ったならば、それは歌い手が無意識のうちに二つ目の旋律の最後の音〔一点ニ音〕を実質上、一つ目の旋律の音階の第二音のように感じていることを示している。もし正格旋法の旋律を一点ハ音で終わるように歌った後、変格旋法のものをト音で終わるように歌ったとすれば、それは彼らが正格・変格の関係を感じ取っていることを示している、等々である。

言語の異なる――通常、互いに多かれ少なかれ異なる性格を持つ――諸民族の民謡が時折、細部において相異なる、別の採集方法を要請することに注意してほしい。同様に、採集の際、言語の異なる諸民族への接し方は、画一的なものであってはならない。この問題についてあまり細部まで立ち入ることはできないが、経験豊富な採集者ならば、新しい民謡、新しい民族について深く知るうちに、自分がどのように採集方法を変えていかなくてはならないか、かなり早い段階で気づくだろう。「科学的」なことというより、単に外面的な方法の変更に関することだが、私自身が気づいた面白い関連現象を一つ述べておきたい。じつはハンガリーの農民から歌の謝礼として金銭を要求されたことは一度もなかった。なるほど、記憶をよみがえらせ、気持を奮い立たせるために、一杯の酒が必要なことを、男性たちからちらちらとほのめかされることはあった。そのような時、私は大抵、要求を――あまり気が進まなかったとしても――満たしてやった（あまり気が進まなかったのは、酒の魔術的効果を信じておらず、さまざまな経験からむしろ逆効果であることを知っていたからである）。しかしそれをのぞけば、誰もほかの見返りを求めなかったし、女性たちに至っては何も求めず、何も期待していないようだった。対照的に、ほかの言語を話す諸民族においては、いくつかのわずかな例外をのぞき、組織だった金銭の分配なしに、ことはほとんど何も進まなかった。採集作業がまだほとんど始まらないうちから、ぼやき声がもう聞こえてくるのだ。「わしはただじゃあ喉を疲れさせん」「これを元手に旦那は相当稼ぐんじゃろうから、わしらにも少しばかり分けてくだされ」等々。そのような訳で私は後になると、ほのめかされるのを待つまでもなく、あらかじめこちらで決めた料金で歌い手候補に接するようになった。つまり、各自が（まだ聴いてもいない）歌一曲につき、決まった報酬を得られるようにしたのだ。商談が成立すれば歌が歌われ、決められた料金が歌い手に支払われる。――私の印象では、ハンガリーの農民はあまりにも誇り高く、このような些細な事柄についてチップのたぐいを受け取ることを望んでいないかのようだった。

とはいえ、私は間違っているのかもしれない。もしかすると言語の異なる人々はやはり私のことを単純に言語の異なるよそ者として捉え、本能的に金銭を搾り取ろうとしただけなのかもしれない。

最後に採集者たちに対して、以下のことを注意しておきたい。——かりにトーキー映画での記録が望めないとしたら——演奏者について、遊戯や踊りの情景について、楽器について、あるいは民俗音楽が聞かれる場に登場するその他の事物について、少なくとも写真を撮っておくこと。それによっても、われわれは自身のコレクションを実際の生活に近づけられるはずである。

以上から親愛なる読者諸兄はお分かりだろう。民謡採集者がなすべきことはじつに多い。あまりにも多すぎて、しばしば二律背反《ジレンマ》の前に立たされるほどなのだ。少数の旋律を採集し、関連するあらゆる注釈をほどこすかわりに、それ以外の数多くの旋律を犠牲にするのか、それともより多くの旋律を採集するかわりに、注釈の一部を犠牲にするのか。どちらの解決法を採集者が選ぶかは、いつも周囲の状況によるのである。

世界中どこでも、大規模で組織だった採集活動にとっての最大の障碍は財政的な問題である。とくにフォノグラフと蠟管については——グラモフォン式レコードによる科学的録音については言うに及ばず——どこでも資金が不足している。たとえばブルガリアの採集者たちは他の点において非常に優れており、一万曲以上の旋律をすでに集め、部分的に出版もしているのに、フォノグラフによる録音をまだ一度も行っていない。そのための資金がないのだ。私は数学者でも経済学者でもないが、このように言っても多分、間違っていないだろう。もし全世界で戦争の準備に充てている資金を一年間民謡研究に充てられれば、全世界の民俗音楽のほとんどを集めることができるはずである。

原注

（1）私の知るかぎり、もっとも古いデータは *Magyar Népköltési Gyűjtemény* III. kötet（『ハンガリー民俗詩集成第三巻』）. Budapest. 1882 の一七頁に見出せる。ハイハイする小さな息子を揺すりながら、「ベリ、坊や、ベリ、モーヌシ・シャムちゃんや」と歌うものだ。この言葉（「ベリ」）が子供をあやす際の特殊用語であることを示す活字情報はこのバラッドの歌詞以外に存在しない。残念ながら『ハンガリー語源辞典』もまた、この言葉にふれずにすませている。他方、その意味を説明するスロヴァキア語の情報が、手書きの状態ならば存在する。まだ公刊されていない私自身のスロヴァキア民謡のコレクションにおいて、ズヴォレン県〔現スロヴァキア領バンスカー・ビストリツァ県の一部〕の子守唄のほとんどすべてが「ベリ、ベリ、／私の白い天使さん！」という二行を（大抵は冒頭の二行として）持っているのだ。この言葉は子守唄のみに、それも常にこうした内容の行においてのみ見出せる。この点からもこの言葉の役割と意味は明白だろう。もちろん、それがハンガリー人からスロヴァキア人にもたらされたものなのか、あるいはその逆なのかということについて、結論を述べることはできない。

（2）隣人や友人などが一緒に、誰かのために行う善意の協同作業をカラーカと呼ぶ。恩恵を受けた者は、ほかの機会に、ほかの人のために行われるカラーカに自身も参加することでお返しをするのである。

(3) *Despre bocetul din Draguș* (jud. Făgăraș) (「ファガラシュ県ドラグス村の葬礼の泣き歌に関する報告」). *Arhiva pentru știința și reforma socială* (『科学と社会改革の雑誌』). vol. X. 1-4, București, 1932.

(4) Constantin Brăiloiu, *Esquisse d'une méthode de folklore musical* (「音楽伝承研究の方法論素描」), p. 14. *La Revue de Musicologie* (『音楽学雑誌』), No. 40, Paris, 1932, p. 14.

訳注

〔1〕「ホラ・ルンガ(長い歌)」と呼ばれる即興的・装飾的な朗唱様式を指す。バルトークがこの様式の分布に高い関心を持っていたことは、一九三六年の論文「トルコでの民謡採集」(本書所収)でわざわざ「ホラ・ルンガ」に言及していることからも確認できる。

〔2〕旋律の後半で、前半がたとえば五度下方で繰り返されるような構造。「ハーヴァード大学での講義」訳注〔7〕も参照のこと。

〔3〕教会旋法の理論を参考にしながらも、バルトークは「正格(autentikus)」、「変格(plagális)」の概念を民謡の実態に合わせて、かなり自由に用いている。具体的に言えば、彼は旋律が音階の主音で終止しているように聞こえるものを「正格」、旋律が音階の主音の四度下(ハ長調でのト音)で終止しているように聞こえるものを「変格」と呼んで区別している。

〔4〕「フリギア終止のもの(frig zárlatú)」とは、終止がフリギア旋法(ホ調であれば、ホ・ヘ・ト・イ・ロ・ハ・ニ・(ホ))を連想させる音階を指す。「いわゆる半終止のもの(ún. félzárlatú)」

とは、ドリア旋法（ニ調であれば、ニ・ホ・ヘ・ト・イ・ロ・ハ・（ニ））のように、第二音（ハ長調であれば二音）で終わる（ように聞こえる）音階のことだろう。

Ⅱ　諸民族の音楽

ハンガリー人の農民音楽

ハンガリーの新しい芸術音楽について語ろうとするならば、ハンガリー人（すなわちマジャル人）の農民音楽の影響について論じる必要がある。というのも、農民音楽の特質の一部が芸術音楽に影響を及ぼしているからである。ここで農民音楽のことを論じるのは興味深くないはずはないので、特にその特徴について典型例をあげて論じてみよう。

まず注意すべきなのは、われわれの農民音楽が、一般にハンガリーの「民族的旋律」として知られているものとは根底的に異なる、ということである。後者は民俗調の芸術歌曲であり、貴族階級に属する、多少とも名の知れた作者によって書かれたものなのだ。それらは、たしかにエキゾティックな魅力を持っており、ブラームスやリストのような作曲家たちの注意を引きさえした。しかしここには西欧の音楽の影響を受けたありきたりの旋律が含まれている。その成立に際して、われわれの農民音楽の影響を受けたことはたしかだし、またそれゆえにエキゾティックな特徴もあるわけだが、こういった民俗調の旋律と農民音楽との相互作用については、今のところまだ解明されていない。

西欧、ないし都市の影響を免れている古いマジャル人の農民音楽は、これとは比べ物にならないくらい価値がある。ここには、全く非慣習的な特徴を持つ旋律が完全な形で見られ、聞き慣れたような旋律はほとんど全く見当たらない。つまり、それらは主和音―属和音といった関係を示す旋律法を欠いており、そのゆえに西欧の耳にはとりわけ新鮮なものに聞こえる（これは東欧の他地域の農民音楽の場合にも当てはまるのだが）。

一瞥したかぎりでは、われわれの農民音楽のレパートリーは多彩で、見通し難いものに思える。それは（その古さ、つまり起源から言っても）さまざまな類型を含んでいる。しかし、簡単な研究からも――すでに一九一八年一月一二日の「歴史的演奏会」のプログラム冊子（ユニヴァーサル社）に書いたように――ここには二つのカテゴリーがあることがわかってくる。つまりより古い、あるいは全く古い様式によるものと、新しい様式によるものの二つである。この二つのカテゴリーの違いは、ざっと調べても確かめられるが、主に次のような点に認められる。

新しい旋律は、大抵はっきりした行進曲風のリズムで動く。構造はリート形式に多少とも近い形式（AABAやABBAなど）を持つ。古い旋律は、多くの場合パルランド・ルバート〔話すように伸縮するリズム〕で歌われ、上記のような形式を欠いている、といったことが指摘できる。だが、この二種の民謡の学術的な検討については、先にあげた文献で詳細に述べたので、ここでは控えよう。

古い旋律はわれわれの考えるところではハンガリー固有の産物であり、要するに隣接する諸民族の旋律様式とは根本的に異なる。その起源や何らかの様式との類縁性（たとえばグレゴリオ聖歌やコラールの旋律との関係など）ははっきりしない。おそらくこれらは、五音音階の旋律を多く伝えてきたトランシルヴァニアのセーケイ人たち、あるいはアジアの音楽文化の遺物を含んでいると考えられる。だが、これらの問題について確証をもって答えるには、フィン゠ウゴル族の関係する民族の音楽の採集が十分に行われる必要がある。

より新しい旋律も、やはりハンガリーの地で生まれたことはたしかだが、すでに述べたような「より近代的な」形式からすると、西欧からの影響を証することができる。そこには、おそらくは古い様式に由来する特徴的な五音音階的旋律がかなり多く含まれるが、明白に長調のシステムで動く旋律も多くあり、またドリア、ミクソリディア、エオリアの旋法による旋律も同じくらい多く含まれる。

この新しい様式の成立に関して、たしかなことはわからないが、おそらくそれは先に述べた「民族的」芸術歌謡と何らかの関係があるものと思われる。過去五〇年から六〇年ほどの間に起こった、この様式の急速な普及ぶりはまさに驚くほどで、これまでの古い歌い方を完全に駆逐してしまうほどの革命的プロセスだった（この古い歌い方は、今では農民の高齢者だけによって、ほとんど田舎だけで行われている）。さらに驚くべきことに、こういった革命は、ハンガリーの地だけに限って起こったものではなく、隣接する諸民族、すなわちスロヴァキア人やルテニア人たちの間でも起こった。これらの民族においては、若い人たちが、当然のように彼ら自身の言語による歌詞をつけながら、この新しいハンガリーの農民音楽の旋律ばかりを歌うようになったのだ。その際、その受容した旋律は変えられないままか、あるいはその民族に特有の変更を加えて歌われる。この興味深いプロセスは、論文一篇のテーマともなりうるものであり、ここで詳細に論じる余裕はない。

以上、それぞれにまとまりをもつ二つのカテゴリーの他に、混合様式の旋律がかなり見られる。これらは多かれ少なかれ西欧の音楽文化の浸透したものである。それらの旋律は、東欧の刻印が明らかに認められるもの以外は、それほど興味深いものではない。

そういうわけでもっとも興味深いもの、もっとも刺激的で、もっとも価値のあるものは、「古い様式」の旋律ということになる。

民族的芸術歌曲だけがハンガリーの民俗音楽であると考えるようなわが国〔ハンガリー〕の保守的音楽家たちが、この種の「古い様式」の民謡に明らかな敵意を示していることも、そのことの証左と言えよう。

そこで非難されている主要なものを、見本としていくつか本書の譜例にあげておく。

第二〇〜二五番の旋律は、特に注釈が必要な形式を持っている。ここでは旋律の後半（つまり第三、四行目）は、およそ前半（つまり第一、二行目）の、五度下での反復となっている。この形式は、旋律自体は全く同じではないにせよ、スロヴァキアやモラヴィアの民謡にしばしば見られるのだが、今のところこれがどの民族に最初に生まれたものかはわからない。

これと似た形式構造を持つ旋律は、私のピアノ曲集『子供のために』の第二〇番、あるいは、ピアノ曲集『ハンガリーの農民歌』の第一二番にも見られる。古い様式の、その他の例としては『子供のために』の第一六、三四、そしておそらく四一番、『ハンガリーの農民歌』の第一、二、三、四、六、七、八、一一番、あるいは「歴史的演奏会」のプログラムブックレットの第一、二、三、四、五番の譜例などがあげられる。新しい旋律の例は、上記「歴史的演奏会」のそれ以外のもの、あるいは『子供のために』の第一四、一五、一八、一九、三三、三六、三七番である。

最後に触れた第三のカテゴリーとしてあげられるのは、『子供のために』の第七、一一、二七番、そしておそらく第二八、三二番であり、また『ハンガリーの農民歌』の第一四番もそうである。

より古いカテゴリーの旋律は、上記の例からも見て取れるように、どちらかといえば単調で、多くの音楽家にとっては型にはまったものと映るかもしれない。しかし、ただ一つの時期の農民音楽を問題にする限り、これは仕方のないことなのだ。まさしくこの様式の単調さから、われわれはこれらの旋律が一つの時期に属することを認めるのである。旋律の運びの完全さと刺激的な新鮮さを別にしても、これらの民謡の「パルランド」風朗唱法を検討することは、声楽曲の朗唱法を創作するのに際して、極めて重要なものとなる。ハンガリーの芸術音楽には、基礎となるような伝統が全くない。われわれの先駆者たちが声楽曲の朗唱法で試みたのは、西欧の定型の模倣に過ぎず、ハンガリー語のリズムにはうまく移し替えられなかったのである。ドビュッシーは、ヴァーグナー流の朗唱法から自由になるために、古いフランス音楽のそれにまで遡らねばならなかった。われわれにとって、この問題を解決しうるのは、パルランド的な農民の旋律以外にはありえないのである。

譜例１　トルナ県，1906 年

譜例２　チーク県，1907 年

譜例３　チーク県，1907 年

譜例4　ショモジ県，1906年

譜例5-a　ザラ県，1906年

譜例5-b　ショモジ県*

＊印の旋律は、ブダペスト国立博物館に収められたヴィカール・ベーラの録音コレクションから採譜されたものである。

譜例 5-c　ボルジョド県*

譜例 6　チーク県，1907 年

譜例 7　トルナ県*

譜例8　ベーケーシュ県，1906年

譜例9　ベレグ県，1912年

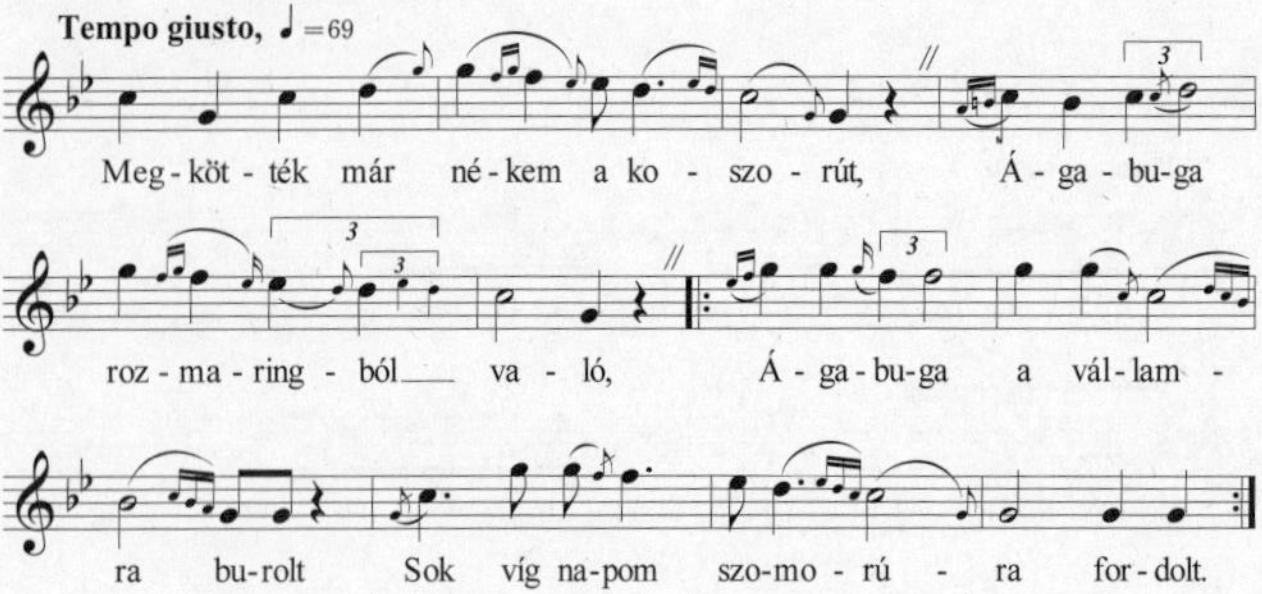

譜例10　ウドヴァルヘイ県*

譜例 11　チーク県，1907 年

譜例 12　トルナ県，1906 年

譜例 13　チーク県，1907 年

譜例 14　チーク県，1907 年

譜例 15　ペシュト県，1906 年

譜例 16　マロシュトルダ県，1906 年

譜例 17　チーク県，1907 年

譜例 18　ベーケーシュ県，1906 年

譜例19　チーク県，1907年

譜例20　チーク県，1907年

譜例21　フェヘール県，1906年

譜例22　トルナ県，1907年

譜例 23　トルナ県，1907 年

譜例 24　トルナ県，1907 年

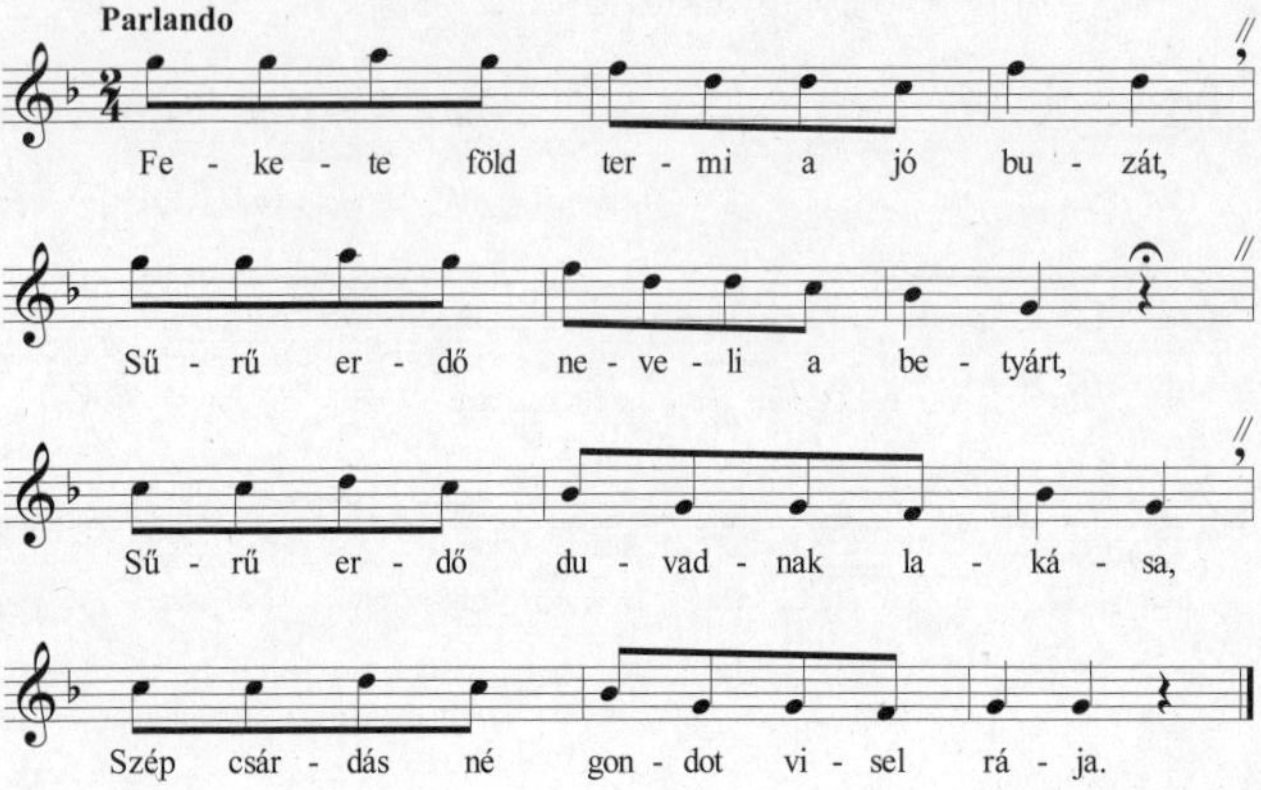

譜例25　ベーケーシュ県，1906年

譜例26　トルナ県，1907年

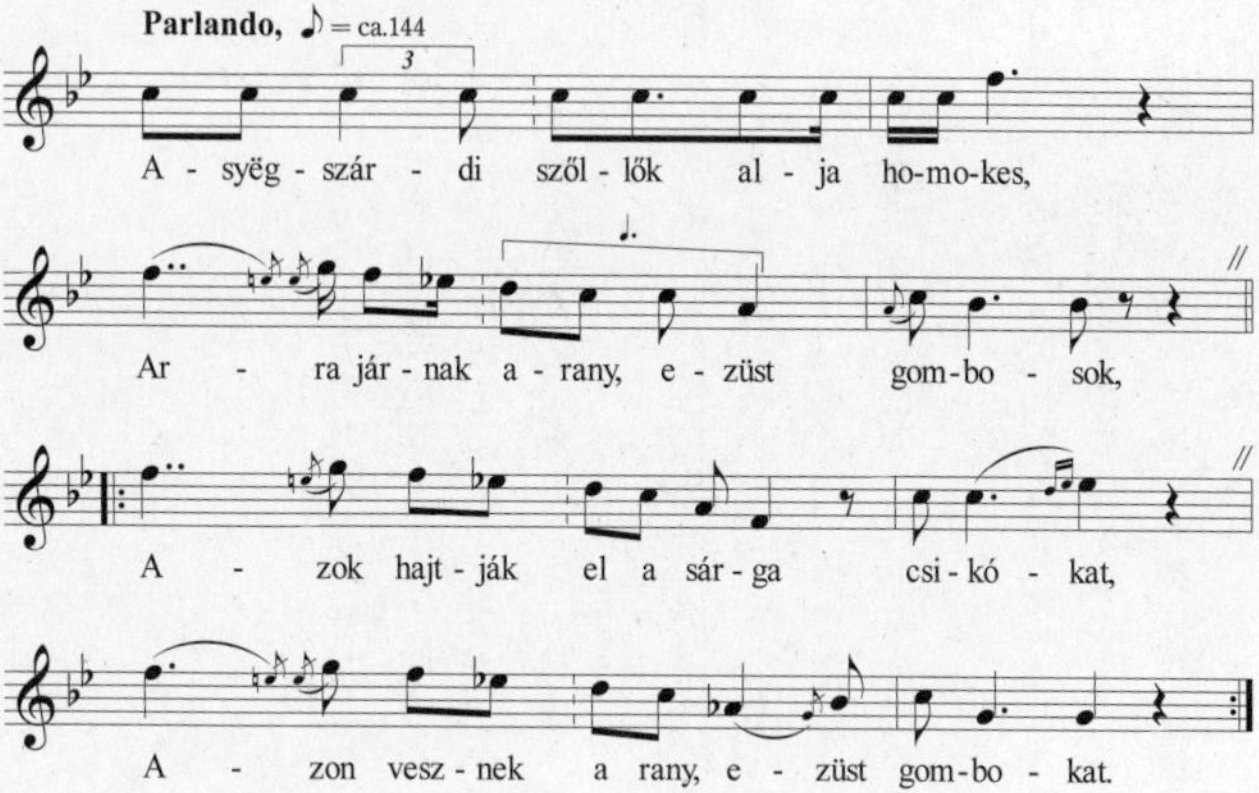

スロヴァキア人の農民音楽

ハンガリーの民俗音楽研究者たちは、国内のハンガリー人以外の農民音楽についても多くの時間を割いて研究している。彼らはさまざまな言語を注意深く学び、必要な語学力を身につけた上で調査してきた。このような面倒な言語的検討を経て、スロヴァキア人の農村の歌に関する極めて意義深いコレクションが形成されたのであり、これはすべての音楽学者にとって興味深いものであろうと思われる。

ハンガリー人の間で、一〇〇曲に余る旋律を知っている農民に出会うのは全く例外的なことだが、スロヴァキア人の農民一人（主として女性である）から、一五〇から二〇〇曲の旋律を書き留めるのは稀なことではない。スロヴァキアは多くの旋律を生む土地だからである。一九一五年に、私は四〇歳前後の一人の女性が、実に四〇〇曲もの別々の旋律を歌うのを聞いたことがある。

これほどの量を採集できるとなると、採集者は当然特別な方法を採ることになる。スロヴァキア人の農民の多くは読み書きができるので、特に多くの旋律を知っている人を相手にするときには、まずその人に家で思いつく限りの歌について出だしの歌詞を書き付けてきてもらうように頼むのである。というのも、どんな人でも巨大な歌の記憶庫から、すべての曲をたちどころに思い出すなどというのは不可能だからだ。私は先ほどあげた女性の場合も、この手段を用いた。

この「歌姫」はとても聡明で物知りな農婦だった。彼女は翌日、六〇曲ほどの歌のリストを持って私のところに来て、これに基づいて次から次へと歌を披露してくれた。これが私の出発の日まで続いた。私は数ヶ月したら戻ってくるから、私のいない間も同じようなやり方で書き留めておいてくれ、と頼んでおいた。彼女は熱心にそのリストを増やし続け、それを元に私が戻ってから歌ってくれた。こうしてそれぞれ三、四日間、三回の滞在で、彼女の記憶庫はほぼ尽きたようだった。彼女は驚くべき正確さで歌ってくれ、一度歌ってくれた旋律は完璧に覚えていた。

だが、あるところで彼女は頑固だった。彼女は不適切な言い回しを含む歌を歌うのを、断固拒否したのだ。明らかにそのような歌をたくさん知っていたのに。そんな言葉を口にするのは不可能だ、と彼女は言い張った。民衆の間で、こういった頑なな態度に出会うのはあまり普通のことではない。ハンガリー人、そしてスロヴァキア人はより一層、このような歌を無数に歌うし、女性は概して、この種の歌を特によく覚えているものである。十五、六歳の少女すら、こんな信じがたいほど大胆な言葉遣いを含む歌を、考えられる限り自然なやり方で、偽りの恥じらいなど少しも見せずに歌ってくれたことがある。もちろんここには開けっぴろげであったり、クスクスであったりする、笑いがつきものだ。だが、農民たちは明らかに「自然なものは汚れていない（naturalia non sunt turpia）」という精神を保持している。だから、民衆における道徳に関して、こういった状況から勝手な推論を巡らすべきではない。科学的見地からすると、こういった出版にはなじまない歌こそ、もっとも価値があり重要なものなのだ。

スロヴァキアの民俗音楽の特徴について、この少ない紙数で述べるのは不可能である。われわれの手元にある資料は、よく整った一連の民謡のコレクションだが、それらは現代の（おそらくは主としてハンガリーの影響を受けた）ものから、異教時代のスロヴァキア人たちのものまでさまざまな時代にまたがっている。ルバートのリズムで歌われる、ズヴォレン地方の驚くほど慎ましい羊飼いの歌（譜例1参照。歌詞大意：「ヘイ！　そよげ、吹け、吹け、芳しい風よ、私たちの上にキラキラ光る露を振りまいてくれ」）、あるいは素朴な収穫の歌や子守唄、結婚式の歌などは、おそらくは同じようなキリスト教以前の遺物だろう（ある結婚の歌では、異教の愛の神ラドが歌われているが、現代の人々にはこの語の意味はほとんどわからないだろう）。そして西欧やチェコの影響を受けた歌もある。これらさまざまな旋律が存続し続けているその不変性は驚くべきものだが、まさにこのゆえに、スロヴァキア人が例外的に多くの旋律を知っているのだと言えるだろう。

スロヴァキアの比較的新しい曲は、主としてハンガリー起源のものである。多くは、ハ

譜例1

ンガリーの旋律と同じ形で伝わっており、一部はスロヴァキア人の心性に合うように多少とも変形されている。そして、もっと変化の度合いが強いものもあって、それらはハンガリー人地域では知られていない歌だが、聞けば直ちにハンガリー的な特徴を備えていると感じられるような旋律になっている（たとえば譜例2がそれである。歌詞大意：「おい！　この警官め！　おまえはなんてひどい泥棒だ！　女の子から四ターレルだましとったな、おお神よ！」）。

このような影響は、たとえば学校のような権威的機関を通じて人工的なやり方で、ハンガリー側の抑圧的な政策の一部として行われた、と考える人もいるだろうが、それは誤りである。まず第一に、支配力を持っていたハンガリー人の上流階級は、ハンガリー民俗音楽の古いものも新しいものも全く知らないし、それを広めるようなことはできなかった。（学校では、不幸にも「人工的な」歌だけが歌われており、それらは農

譜例２

民たちの心性には全く合わないものなので、ハンガリーの農民音楽にも、他の民族の農民音楽にも全く浸透することがなかった。）農民の芸術や音楽を作り変えようとしても、人工的なやり方では全く不可能なのだ。民俗音楽の影響作用は、完全に自然で自発的なものである。ここ四、五〇年の間に、ハンガリー人たちの間では、活きいきとした、明確なリズムをもつ、新しく「近代的な」農民音楽の様式が次第に現れてきた。これはハンガリー人たちには非常に好まれ、それまでの古い、より価値のある旋律を忘れさせるほどだった。この「新しい」様式が、スロヴァキアやルテニアの若者たちに熱狂的に迎えられたのも無理はない。というのも、たとえば兵役や、あるいは農地での共同作業（毎年、夏になるとスロヴァキア人たちの多くがハンガリー平原に惹きつけられてきた）といった伝播の機会が十分にあるからだ。ただ違いは、スロヴァキア人たちが新しいタイプの旋律だけではなく、古くからの、

純粋なスロヴァキア的旋律にも同じように親しんでいるところにある。現在ハンガリーとスロヴァキアの農民たちの境界は揺さぶられ、曖昧になりつつあるが、今後数十年に関するもっとも興味深い研究課題は、こういった二つの民族の音楽がどのように発展していくか、という問題だろう。

ルーマニア人の民俗音楽

民俗調の芸術歌曲と農民歌に関する一般的な見解を、私はすでに「ハンガリーの民俗音楽」[1]において示したが、これはルーマニアの民俗音楽に関しても当てはまる。ただし、民俗調の芸術歌曲と都市のジプシーたちの演奏とは、ルーマニアの、少なくともこれまで基礎的な調査が行われてきたトランシルヴァニアにおいては、それほど大きな役割を果たさなかった。古くからのルーマニア（モルドヴァ、ワラキア地域）において、どのような民俗音楽があったか、あるいは現在あるか、ということについて、われわれはそれほど正確に知っているわけではない。というのも、〔第一次世界〕大戦以前、この地域では言及に値する採集活動は行われていなかったからである。大戦後、無為の時を取り戻そうと熱心に採集が行われているが、これまでのところ採集された多くの歌はまだ出版されていない。したがって、本考察は、余儀なくトランシルヴァニア地域にかぎって行われる。

二〇年前のこの地域で、民俗音楽の採集者は、この仕事が真の喜びであるような状況を体験した。この状況は、今日に至るまでどの点から見てもほとんど変わりなく保たれていて、農民たちの生活環境は、「豊かなくらしをもたらす」都市の文化から遠く隔てられている。こういった状況は、まず第一に学校が不足しており、交通手段も不足しており、住民たちの生活改善の見込みが薄い、というような条件から生じた。かくして北部（マラムレシュ地方）、中西部（ビホル地方）、そして中南部（フネドアラ地方）において、研究者にとっては素晴らしい機会をあたえてくれる状況が生じたのだ。遠く離れた村々には、ほとんどが読み書きのできない住民が暮らしており、鉄道などずっと離れたところにしかなく、多くは満足な道すらない。およそあらゆる生活必需品は自給自足でまかない、住民たちは、仕方なく遠くに出かけねばならない用事（兵役とか法律上の手続きなど）をのぞいては、決して自分の故郷の小さな村を離れたりしない。いきなりこんな状況に飛び込むと、人はまるで中世に紛れ込んだような気がするものだ。そうしてはじめて、いわゆる農民たちによる音楽実践が、かつては（そして先ほどあげたようなルーマニアの各地域では今日までも）共同体全体による行為であったことを確信するのである。

人生の上での重要な出来事、クリスマスの祝い、収穫、結婚、死などすべての出来事は、古くから伝わる儀礼との関係なしにはありえないし、またあってはならない。そしてこのような儀礼の中の重要で、欠くべからざる部分として、しかるべき歌の上演がある。これらすべての行事は、宗教行事と同じく、あらかじめ定まった規則に従って行われる。そしてそのような儀礼的な歌は、当然のことながら、それと対応している儀式とともにのみ演じられる。それを［儀礼と関係なく］ただなんとなく歌うなどということはありえない。

このような厳格なしきたりは、研究者にとっては、そこここで障碍となる。たとえば、亡くなった人への泣き歌は、散々説得したあげくにようやく聞かせてもらえるのだが、それは彼らが言うには、亡くなった人がいるわけでもないのに、死者のための泣き歌を歌うなどということはできないからである。

*

先にあげた歌のカテゴリーのうち、音楽的にみると「クリスマスの歌」(ルーマニア語で「コリンダ」と呼ばれる)がもっとも重要だと言える。それはまた歌詞の点でも、民俗学的に、また文化史的に、もっとも重要でもっとも興味深い素材である。ただ、これら「クリスマスの歌」について、西欧のクリスマス・ソングのような宗教的なものを想像してはいけない。そもそも歌詞のもっとも重要な部分(おそらく三分の一程度)は、キリスト教のクリスマスのお祝いとは何の関係も持たない。それらはベツレヘムの物語ではなく、一度も敗れたことのないライオン(あるいは鹿)にようやく勝った戦いの話や、あまりにも森深く獲物を追って、ついに鹿に変身してしまった九人の息子たちの伝説、あるいは太陽がその妹である月をいかにして娶ったか(ラテン系統の言語では太陽は男性名詞で、月は女性名詞である)についての不思議な物語などが語られる。つまりこれらは明らかにキリスト教以前の異教時代のものなのだ。これら異教の人々にとって、もっとも重要な祭りは冬至の祭りである。そして偶然にか、意図的にかはわからないが、クリスマスの祭りが、ちょうどこの冬至の祭りの時期に置かれることになった。とすれば、キリスト教化された元異教の人々が、無意識のうちに二つの祭りを同一視したとしても不思議ではない。驚くべきなのは、これら異教の歌詞が数百年を経て今も生き延びているということの方だ。

もちろん「宗教的」なコリンダの歌詞もなくはない。それらは聖書の人物たちによる奇妙で素朴な伝説である。

コリンダの実践は次のように行われる。まず数週間コリンダの歌が、グループのリーダーのもとで「練習」される（これはユニゾンで合唱される）。そしてクリスマス・イヴに、八人から十人の少年たちのグループが、コリンダの行列を組んで出かける。村の家々の門口で立ち止まり、家の者たちにコリンダを歌っても良いかどうかを尋ねる。そして部屋の中に入れてもらって、四、五曲のコリンダを交唱の形で歌う。つまり、グループが二手に分かれ、一節ごとに交互に歌っていくのだ。最後にグループはちょっとしたものをもらって、次の家へと移っていく。儀礼の細部まではここには書けないが、地域ごとに差があるのはもちろんである。

旋律に関しては、たとえば厳格なリズムを用いること、多くが三部分から成ること、教会旋法や古代の調性やオリエンタルな調性などを好むことといった、いくつかの共通する特徴を除けば、トランシルヴァニアの三ないし四つの地域ごとに異なっている。コリンダ

譜例 1

がもっとも豊富な地域は、トランシルヴァニアの中南部である。ここでは、中西部と並んで、コリンダの統一的様式が結晶化された。前者の地域から、譜例1をあげる（歌詞大意：「私のライオンを〔生きたまま〕縛ってここまで連れてこられるものはいるか？」これはバラッド風のコリンダの歌詞の始めの部分である。「昔、ある若者がライオンに出会った。三日三晩戦ってようやく若者がライオンに勝ち、それを縛って、村に引きずってきた」）。

注目に値するのは、絶え間ない拍子の変化である。この旋律や、これに類似する多くの「複雑な」旋律が、字の読めない者たちによって、極めて確実に、そしてとても自然に歌われることは興味深い。多くの理論家たちは、この種の頻繁な拍子の変化は人為的なものだと考えているが、この例はそういった考えが間違っていることの最良の証左である。これらのコリンダは通常、音量的には強く歌われ、敬虔で宗教的というよりも、荒々しく闘争的な印象を与える。

これらコリンダの旋律素材（すべてのルーマニアの民謡のう

譜例２

ち、それは一二パーセントを占める）と、（おそらくはビザンチン期の）教会音楽との間に、なんらかの関連があるかどうかについては、まだこれからの研究課題である。

儀礼の歌のうち、音楽的にみて二番目に重要なのは、死者のための泣き歌である。その多くは、グレゴリオ聖歌の叙唱を思わせる。大抵の場合、一つの村には一つの泣き歌しかない。また通夜に一つ、埋葬に際してまた一つの歌を持っている地方もあれば、子供のための泣き歌と、年老いた人々のための泣き歌との二種の旋律を持っている村もある。これら死者のための泣き歌は、女性だけで歌われ、多くは紋切り型の文句を即興で変化させたものである。次の譜例は、バナト地方の死者のための泣き歌である（譜例2。歌詞大意：「カタリーナ、お前の良き母と、そしてお前の菩提樹の葉と、三人の子供たちに別れをお告げ」）。

その他の儀礼的な歌は（数の上からいっても）それほど重要ではない。だが、多くの地方に見られる呪術的な歌（「病除けの歌」や干ばつ時の雨乞いの歌）は興味深いし、また童謡や遊び歌が全く見られないということも特徴的欠損である。

これまで述べてきた種類の歌は、宗教儀礼的なものと言えるが、踊り歌、あるいは踊りの旋律は、世俗儀礼的なものにあたる。

踊りの音楽に関する詳細な記述を行う紙数は残念ながらここにはない。ただ次のことを述べるにとどめておこう。

踊りの音楽は、たとえばバグパイプ（ドゥダ）、縦笛（フルヤ）、ヴァイオリン（稀な場合には二本のヴァイオリン）など、ほとんどの場合、単一の楽器によって演奏される。それらの多くは、地域の楽師である農民によって、あるいは村に住み着いたジプシーによるものである。

踊りの種類は多く、地域によってさまざまであり、いろいろな名で呼ばれる。共同体的な遊戯に近いグループの踊りの他に、二人（少年と少女）の踊りや男性のソロの踊りなどがある。

いくつかのグループの踊りや二人踊りでは、踊り手や見物人が、任意の八音節の歌詞（たいていは冗談めいた内容）を、その音楽のリズム（一音節が八分音符一つに対応する）で囃し立てるが、これはいわゆる「踊りの囃し言葉（chiuituri）」と呼ばれるもので

譜例３

ある。一部の地域では、この「囃し言葉」は旋律を単純化した形で（八分音符だけに単純化して）歌われる。そのような譜例をあげるが、これは中西部、ビホル地方のものである（譜例3。歌詞大意：「歩いてでかけるのは楽しい。平原でも、草原でも」）。

旋律のグループのうち、もっとも重要なのは明らかに儀礼と関係のない歌、つまり特定の機会や儀式に結びついていない歌である。だが、それらは多くの場合、ある種の作業に際して、声を合わせて（斉唱《ユニゾン》で）歌われるので、（言葉の本来の意味ではないにしろ）「作業歌」と見なしうる。つまり、半分程度までは特定の機会に歌われる歌である。「半分程度まで」というのは、これらの歌が（本当の意味での儀礼歌とは違って）、作業とは関係なく、一人で歌われても構わないからであり、実際そういうことはよく起こっている。これらルーマニアの旋律は、その機能の点でも、そしてその性格的特質の点でも、ハンガリーの古い「パルラン

譜例4

ド・ルバート」の旋律と対応関係にある。ただ、旋律構造の相違と、部分的には音階の相違によっても、両者は区別される。ルーマニアのパルランド・ルバートの旋律は、より装飾的であり、簡素な八分音符のみでできたような形では滅多に歌われない。ルーマニアのものの多くは、各行の韻律が同じで、大抵それぞれ八音節から成る（ルーマニアには各行八音節の歌しかないのに対し、古いハンガリーの旋律は、大部分が、各行一二音節、または六、九、一〇、一一音節となる）。

多くの地域においては（特にパルランド・ルバートの旋律が、ルーマニア的な特徴をよく備えているような地域においては）、三部分の形式（すなわち三行の形式）が特徴的で（譜例4はビホル地方のもの。歌詞大意：「私には恋人がいる。彼が階段の上に居る」。この歌詞の続きを要約してみると「君をお嫁さんにもらう前に、僕は三年半、武器を担がねばならない（つまり兵役につかねばならない）」となる）、それ以外の地域では四行構造が特徴的である。これに対してハンガリーの古い様式のものは、もっぱら四行構造からなっている。

こういったルーマニアのパルランド・ルバートの旋律は、いまだに繁栄期にあり、それが合唱で歌われる様子を苦もなく体験することができる。そしてそのような歌唱は見事に録音されている。驚くべきなのは、これらの歌を女性たちが歌うときに、とても複雑に聞こえるメリスマでも、完全に一致して歌っていることだ。特にその少女たちやご婦人たちが、頻繁に何度も歌っている場合にはなおさらそうなる。そういう場合には、メリスマの節回しは節ごとにほとんど変わらない。

こういった斉唱は、農作業や紡ぎ部屋、トウモロコシの脱穀作業、鳥の羽むしりといった共同作業に際して行われるが、これらの歌はその歌詞の点でも共同体の結びつきのために役立つ。村の誰もが、自分の経験なり、隣人の経験なりに基づいて、(大抵は叙情的な内容の)これらの歌詞になんらかの共感を覚える。これらの歌詞は、皆が共有している感覚を、誰もが子供の頃から馴染んできた語法で表現している。今日では極めて稀になったバラッドの歌詞が、かつては(南スラヴやウクライナの場合のように)特別な歌手によって、つまりルーマニアのラプソード〔朗唱家〕とでも呼ぶべき存在によって、担われていた、という可能性もあるが、今のところまだ立証されていない。

このパルランド・ルバートの旋律について、その特徴を科学的に詳細に論じることは、

譜例5

この論考の範囲を超えてしまう。

ここでは、いくつかの一般的特質を列挙するにとどめるが、それでも西欧、中欧のものとは随分異なるものに思えるはずである。

(1)ルーマニアの民謡では（とりわけ最後に述べたグループでは）、歌詞は節構造を持っていない。歌詞は、通常一行分しかなく、三部分（三行分）の歌詞なら、それが三度繰り返され、四行分の歌詞なら四度繰り返される。四行分の旋律に二行の歌詞が二度ずつ繰り返されて割り当てられることもある。

(2)歌詞は一行八音節の形しかない。例外は、特定の地域に特徴的なリフレイン的性格のもので、これは様々な音節数から成る（譜例5はバナト地方の例である。歌詞大意：「ホント地方にはモッツの娘より可愛い子はいない。彼女は座って、葉っぱを吹き鳴らしているだけ。かわいそうなルーマニアの娘は一日中鍬を持って働いて、食べるのはトウモロコシと玉ねぎだけ」）。

(3)旋律と歌詞とは分離できない一対を成していない。つまり、どの叙情的歌詞、どのバラッドの歌詞も、どのパルランド・ルバートの旋律でも歌えるのである。他の民族の民謡であれば、歌の歌詞の最初の部分を言えば、それがどの旋律の歌であるかを示すには十分なのだが、ルーマニアの民謡の場合はそうはいかない。興味深いことに、一九一四年の初めに私がブダペストでルーマニア民謡に関する発表を行った時、私の話の実例をルーマニアの農婦が実際に歌って聞かせてくれたのだが、その時にはどの曲を歌って欲しいかを指示するために、私はその都度曲を口笛で吹いてみせなければならなかった。それは先に述べたように、どの旋律も固有の歌詞を持っておらず、どの歌詞もどの旋律でも歌えるからである。

(4)さまざまな音程（二度、三度、そして時には五度さえ）が不確かである。多くの旋律で、短二度と長二度、短三度と長三度、そして完全五度と減五度との間にあるさまざまな音程が聞かれる。そこには、特にこれといったシステマティックな法則性も感じられない。この種の音楽では、これらの音度に関する正しい（純粋な）音程というようなものはあまり重要ではないのだ、という印象を受ける。

(5)トランシルヴァニア地方は、いくつかの音楽的方言の地域に分けることができる。それぞれの地域のパルランド・ルバートの旋律は、明確な特徴を持っている。そして、ある

譜例６

地域の旋律は、他の地域では全く知られていない。特にトランシルヴァニア北端の地域（マラムレシュ地方）の場合、その旋律は他のトランシルヴァニア各地域のものとは大きく異なっており、まるで遠く離れた民族の音楽のようですらある。このトランシルヴァニア北端地域では、叙情的な歌詞は、基本的には決まった舞曲リズムで歌われるのだが、そのリズムはハンガリーでよく知られた「付点の」リズムである。（だが、この旋律は決して踊りには用いられない！　譜例６を参照。歌詞概要：僕は君の古いスカーフが七つに裂けた夢を見た。「君は嘘をついてる、恋人よ、スカーフはまだそのまま僕の手元にあるもの。裂けたのは君の心の方だ。君と君のお母さんの。君は僕が君を捨てるのが怖かったんだろ。君が恐れたことは避けられないよ」。）

こういった分化と相違は、おそらくは地理的環境の故だと考えられるが、まだ明らかになっていない歴史的な原因によるものであることも考えられる。

(6)個々の音楽的方言の地域が、それぞれ独自であることの帰結として、小さな地域にかぎって見れば（たとえば一つの村を単位として見ると）、旋律の種類はあまり多くない、ということになる。平均してみると一つの村につき四〇から五〇曲の旋律（クリスマスの歌なども含めて）がある（その場合、村の大きさはあまり関係がない）。その隣の村で知られているのもほぼ同じものである。それとは別の旋律を得たいと思えば、われわれはずっと遠くへ、つまり別の音楽的方言の地域まで行かねばならない。別の言い方をするなら、ルーマニアでは、民謡の種類は、垂直方向には比較的少なく、水平方向に比較的豊富である、ということになる。西欧の民俗音楽、たとえばスロヴァキアの場合はこれと逆になる。村々には、数百の旋律が埋もれているのだが、そこから数百マイルも離れた村に行っても、大部分はこれと同じ旋律しか見当たらない、ということになる。

これらすべての特徴が、ルーマニアの農民音楽を、他の西欧的な農民音楽の文化とは全く別のものとして特徴づけている。同様に、東方の民俗音楽や、他のバルカンの諸民族の音楽が似たような特徴を持っているかどうかについては、まだ今のところ研究もされていないか、あるいは研究されていてもその成果が公表されていない状況である。

訳注

〔1〕本論考（「ルーマニア人の民俗音楽」）をバルトークは一九三三年秋、『スイス歌唱者新聞』に発表した（第一七、一八、二〇号）。本文中で言及している「ハンガリーの民俗音楽」は同じ『スイス歌唱者新聞』に同年一月から二月にかけて発表した論考を指す（第二〜四号）。また、ここで述べられている「民俗調の芸術歌曲と農民歌に関する一般的な見解」とは、二つのカテゴリー（「民俗調の芸術歌曲と農民歌」）の間にはっきりとした区別をもうけなくてはならないこと、ハンガリーの民俗音楽にとって重要なのは後者であることなどであり、その主張は本書のほかの論考、たとえば「ハンガリー人の農民音楽」（本書七三ページ）で述べられていることとも重なる。

いわゆるブルガリアン・リズム

かつてヨーロッパの芸術音楽では二分割ないし三分割の拍子、つまり――今日の単位で言えば――四分の二拍子ないし四分の三拍子、その倍の拍子〔二分の二拍子ないし二分の三拍子〕、または四分音符を八分音符に速めたもの〔八分の二拍子ないし八分の三拍子〕しか知られていなかった。すぐに例が思いつかないが、他の分割法の拍子も隠れた形で、少しの間過渡的に入り込むことはあったかもしれない。ただ、拍子記号に関しては先ほどふれた二種類以外の拍子が見られないのはたしかだ。私の知るかぎり、ショパンの若い頃の作品、『ピアノ・ソナタ第一番』の緩徐楽章にわれわれは四分の五拍子の最初の例を見出せる。当時としてはかなり珍しかったこの拍子に、おそらくポーランド民俗音楽の影響の痕跡が見て取れよう。有名な例としてはチャイコフスキーの『悲愴』交響曲の楽章の一つがあり、これは四分の五拍子である。ヴァーグナーもごくまれに、たとえば『トリスタン』第三幕において五拍子を使った[1]（注目に値するのは、ここでの四分の五拍子が実際のところ、その前の対称的な拍子の主題から派生している点である。拍子のリズムの片側が、興奮が高まる中で圧縮されたのだ）。五拍からなるこれらの拍子はまだ比較的ゆっくりとしている

譜例1　ベーケーシュ県ヴェーステーのハンガリー民謡

譜例2　フニャド県〔現ルーマニア領フネドアラ〕のルーマニア人のコリンダ

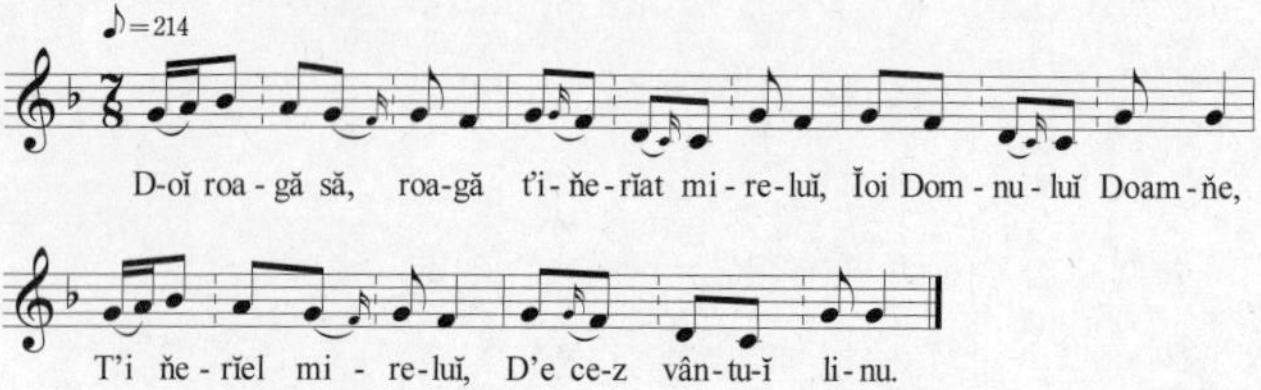

ため、理解することにも演奏することにも特段の困難はない。拍子の単位が大抵、ゆったりとした四分音符だからだ。

二〇世紀初頭は東ヨーロッパの民俗音楽が発見された時代だが、この種の音楽には、非対称な拍子で歌われる民謡が数多く見られた。スロヴァキアやルーマニアの民謡と同様、ハンガリーの民謡にもそのようなものはあった。譜例を二つ示そう〔譜例1、2〕。

どちらの場合も、八分の七拍子は規則的な八分の二拍子×三に由来するもののように思われる。第一の例では四つ目の八分音符が、第二の例では六つ目の八分音符が四分音符に引き伸ばされているのだ。民俗音楽の影響を受けた、たとえばストラヴィンスキーやハンガリーの作曲家たちは、こうしたリズムを作品の中で次第に頻繁に使うようになっていったが、これにはオーケストラの奏者たちも少なからず途方にくれただろう。ストラヴィンスキーはすでに『ペトルーシュカ』において、より頻繁には『春の祭典』において、非常に短い八分音符単位の非対称な拍子を用いている。その拍子の交替によって彼はしばしば、対称的な拍子と非対称的な拍子とを混ぜ合わせる。そこでは拍子の単位はもはや四分音符ではなくかなり速い八分音符であり、メトロノームで一分あたりおよそ二〇〇から二五〇に相当する速度を伴っていた。比較的よく知られた拍子は八分の五拍子であり、それは大抵三＋二、まれに二＋三に分節できた。さらに八分の七拍子があり、大抵四＋三に分節できた。しかしたとえば、それまでに全くなじみのなかった分割法の八分の八拍子や八分の九拍子もあった。三＋二＋三に分節される八分の八拍子は当然ながら、時間的に等価な四分の四拍子とは全く異なるリズムをもたらす。同様に四＋二＋三に分節される八分の九拍子は三×三からなる八分の九拍子とは全く異なっている。

オーケストラの団員達がつい最近においてすらなお、いかにおぼつかない様子でこうしたリズムを受け止めていたか、という点には目を見張るものがある。彼らは手回しオルガン風の対称的なリズムにすっかり、決定的に慣れきってしまったために、なじみがないにせよ、とても自然なこれらのリズムを決して理解できなかったのだ。かつて私がフランク

譜例3　8分の5拍子。トロンタール県アリブナール〔現セルビア領アリブナル〕のブラウル（帯踊り）。八分音符はメトロノーム1分あたり200。

（続く）

フルトでラジオ講演をした際（もちろんこれは一九三三年より前の出来事である。[2]一九三三年以降、私はドイツのラジオ放送局から出演の依頼すら受けていない）、当地の放送局の非常に優秀なオーケストラ団員数名が譜例の実演を引き受けてくれた。数ある例の中で、彼らは次の曲を演奏しなくてはならなかった〔譜例3〕。

何度も試行錯誤を重ねた後ですら、彼らはほとんどこれを弾けなかった。あたかも常に拍子を八分の六拍子に変形させたがっているかのようだったのだ（数年後、採譜した楽譜を改訂するうちに、私はかつて自分が録音を間違ったリズムで採譜していたことに気づいた。正しくは、次のようになっている〔譜例4〕。もしこの形で舞曲の旋律が彼らの眼前に置かれていたら、どうなっていただろう?）。

すでにふれた通り、これらは自然なリズムである。そう述べることで私が言いたいのは、作曲家が散々に頭を悩ませたあげくこれらのリズムをこしらえたのではなく、それらは村の音楽の中で、全く自然な発達のプロセスを経て形成された

譜例4　16分の9拍子（16分の2＋2＋2＋3拍子）。二つのヴァイオリンによる。16分音符は1分あたり360。

ということである。そうしたリズムもまた、教育を受けた音楽家には大きな困難を意味していたのだ（農民たちにとってはそうでもないのだが！）。

ところがそこにブルガリアの音楽学者たちがあらわれ、実に驚くべき現象の存在を指摘した。

一九一三年、ブルガリア科学アカデミーの民族誌学会報第二七巻に「ブルガリア民俗音楽のリズム上の基礎」と題するドブリ・クリストの研究が譜例つきで発表されたが、譜例の一部は、一六分の五拍子、一六分の七拍子、三つに分節される一六分の八拍子などの旋律からなっていた。テンポは非常に速く、一六分音符は平均でメトロノーム一分あたり三五〇〜四〇〇の速度だった。この会報は外国では注目されなかったが、それはこの会報がすべてブルガリア語で書かれていたせいかもしれないし、広報のためのしかるべき活動が行われなかったせいかもしれない。要するに、それは西欧諸国の音楽家や研究者に全く知られずにとどまった。ただ私の知る限り、あの独特なリズムの、かつて聴いたことがないほど速いテンポを持つ旋律は、この書物ではじめて印刷物として世に出たのである。

そして一九二七年、ヴァシル・ストインの『ブルガリアの民俗音楽における拍節法とリズム法の概要』と題する小冊子が刊行された。そこで彼は大部分彼自身のコレクションから一八七の旋律を譜例つきで報告しており、いわゆるブルガリアン・リズムについて次のように述べている。「〔西洋の〕音楽において拍の長さは常に均等である」。すなわち、西洋音楽では小節の基礎単位〔拍〕は、それぞれの小節内で均等な長さを保っており、そこでの基礎単位はメトロノームでおよそ一分あたり一五〇、あるいはおよそ二〇〇の速さの八分音符を指すという。その上で彼はおおむね次のように続ける。「ブルガリアの民謡のほぼ半数において、一つ一つの小節の基礎単位〔拍〕は一様の長さに保たれていない。それらのうち大抵一つ、時には二つ、三つが基礎単位〔拍〕の半分程度引き延ばされるのだ。」ストインはブルガリアン・リズムをこのように定義する。この定義は全く正しい。ただ、それがかなり短い、メトロノームでおよそ一分あたり一五〇～二〇〇ほどの長さの基礎単位〔拍〕に関するものである点を付け足すべきかもしれない。

このブルガリアン・リズムは別のやり方でも定義できよう。すなわち、ブルガリアン・リズムとは、拍子を表す分数の分母にあたる音符の音価が極端に短く、メトロノームで一分あたり三五〇～四〇〇の速度になるようなリズムを指す、というように。これらの非常に短い基本音価が各小節の内部でグループをつくり、いくつかのより大きな、長さの不均等な拍を、いわば非対称的な仕方で構成するのだ。

基本音価がこれほど短いのだから、ブルガリア人たちが行っているように、それらを一六分音符で示すのがもっとも理にかなっているだろう。とはいえ、八分音符で記譜することを検討しても良いかもしれない――結局のところこれは形式上の問題に過ぎないのだから。もちろんその場合、八分音符はメトロノームで一分あたり三〇〇～四〇〇の速度になる。

る。

ストインは自身のコレクションをまとめた二巻に及ぶ大著において、六〇〇〇以上の旋律を紹介し、リズムの種類を表で示している。そこから、もっとも頻繁に見られるブルガリアン・リズムは次のものだということが明らかになる。すなわち、一六分の五拍子（二＋三、あるいは三＋二の配分）。一六分の七拍子（二＋二＋三の配分。よく知られたルチェニツァのリズムである）、一六分の八拍子（三＋二＋三の配分）、一六分の九拍子（二＋二＋二＋三の配分）。このほか、複数の拍子が入り混じる（つまり拍子が交替する）リズム型をのぞいても、比較的まれなリズムがさらに一六種類ほど存在するというのだ。

微細な差異がこれほどまでに決定的な意味を持つ、これらの耳慣れないリズムをはじめて目にした時、私にはそうしたものが現に命脈を保っていることがほとんど想像できなかった！　しかしその後、こう感じた。私も自身のルーマニア音楽の録音資料で類似の現象に出会っていたのに、当時はそのことにあえて気づこうとしなかったかのではないか、と。以前フォノグラフから採譜したものの中には、私自身が全く平静な気持ちから、たとえば四分の四拍子で、均等な四分音符を使って記した舞曲がいくつかあった。もっとも、その平静さは完全なものではなく、私は次のような注釈を添えたのだった。「小節の終わりをジプシー風に引き延ばして〔演奏する〕」。他の箇所では八分の四拍子で採譜した旋律に関して、私は次のように述べていた。三番目と四番目の八分音符が引き延ばされるため、この旋律は「八分の四拍子から四分の三拍子への移行段階」を示す、と。

それ以降、私はかつて自分がフォノグラフから採譜した楽譜を徹底的に改訂した。そしていくつかの地方にかぎられるとはいえ（マロシュトルダ県〔現ルーマニア領ムレシュ県にほぼ相当〕、トルダアラニョシュ県〔現ルーマニア領クルジュ県・アルバ県・ムレシュ県のそれぞれ一部〕、バナト地方では知られているが、たとえばビホル地方では痕跡も見られない）、ルーマニアの録音資料のおよそ五パーセントも同様に、いわゆるブルガリアン・リズムを示すことが明らかになったのだ。それはとりわけ、今言及した県の舞踊音楽に見出される〔譜例4参照〕。歌の旋律は、これまでのところフニャド県〔現ルーマニア領フネドアラ〕のコリンダしか知られていない。もっとも広く普及しているのは一六分の二＋二＋二＋三拍子である。

とはいえ、このリズムがルーマニアの資料の中に――フォノグラフのおかげで――見つかったというだけでは十分ではない。一部の旋律において、さらに速いテンポが使われていることに私は気づいたのだ。そこでは基本音価となる一六分音符の長さが一分あたりおよそ五〇〇、さらには六〇〇にもなることがある。これらのリズムを私は超《ハイパー》ブルガリアンと名づけたい〔譜例5〕。

ブルガリアの出版物はこの種類について何もふれていない。しかしながらそこから、そ

譜例５　アラド県ペルニェジュド〔現ルーマニア領パルネシュティ〕の踊り、ヴァイオリンによる演奏。16 分音符はメトロノームで１分あたり 650！もう一人別の奏者が、弦のないチェロを２本の撥で叩いて伴奏。

うしたものが当地に存在しない、などと結論づけられないだろう。ブルガリア人たちはこれまでフォノグラフを使わず、耳だけを頼りに採譜してきた。録音資料を持たなかったがために、彼らがさらに微細なリズムの陰影に気づかなかったことはありえよう。録音資料があれば、半分のテンポでそれを再生し、研究できたはずだからである〔譜例6〕。

ハンガリーの録音資料ではこの種のリズムは、いわば痕跡の形でしか見出せず、今のところわれわれはそこから何の結論も引き出せない。この種のリズム

譜例６　「上げ足」踊り　トロンタール県トルヴァーディア〔現ルーマニア領リヴェツィレ〕より

が全体を通じて認められるハンガリーの旋律は、二つしか知られていないのだ。すなわち、一つはドモコシュ・パール・ペーテルの採集したモルドヴァ地方〔現在のルーマニア北東部とモルドヴァ共和国に相当〕の旋律であり〔譜例７〕、もう一つはヴイカールが採集したニトラ県〔現スロヴァキア領ニトラ県にほぼ相当〕のものである。

セルビア・クロアチアの出版物には何の痕跡も見られないが、そのこともまた、彼らのもとにそうしたものが存在しないことを意味するわけではない。おそらく彼らのところにもある。た

譜例７　モルドヴァのチャーンゴー人の民謡　バーコー県トルンク〔現ルーマニア領ガルベニ〕より

譜例８　アダナ地方オスマニエの「ガリプ」。旋律はズルナ（オーボエのような楽器）が演奏。伴奏はダウル（大太鼓）が演奏、右手には棍棒、左手には細い撥。

だ、セルビア・クロアチアの採集者のうち、まだ誰もそのことに気づいていないのだ。

とはいえ、重要なのは、トルコ系諸民族の一部において、明らかにそのようなリズムが使われているという事実である。ウスペンスキイ（およびベリャーエフ）は著作の一つでトルキスタン地方のトゥルクメン人の民俗音楽を報告しているが、そこには八分の五拍子で採譜された、八分音符が一分あたりおよそ三〇〇になる旋律が数多く含まれている。一方、私もまた、小アジアでこの種のリズムに出会ったことがある。もっとも、これは一部の舞曲や器楽曲に限られた話であり、そうしたものはおそらく太古のトルコというより、外部にその起源を持つと考えられる〔譜例8〕。

ルーマニアの録音資料にブルガリアン・リズムが見られるのは、ブルガリアの影響から説明できるかもしれない。ただ、そこからではトルコやトルキスタン地方の音楽に同じリズムが見られることはもはやほとんど説明がつかないだろう。

今のところ比較できる資料があまりに少ないので、この種のリズムの故郷がブルガリアにあり、そこから周囲に広がったのか、あるいは別の、どこかトルコ人の住む地域に発生源があるのか、あるいはあったのか、はっきりと言うことはできない。

現時点でたしかなのは、この種のリズムがブルガリアでもっともよく知られており、もっともよく普及しているということだけである。したがって、たとえその故郷がブルガリアではないことがいつかわかるかもしれないとしても、われわれはこのリズムを正当にブルガリアン・リズムと呼ぶことができる。およそわれわれがこのリズムの存在を知るに至ったのも、ブルガリア人たちのおかげだからである。そもそもこの現象に気づいたこと、機材が不十分だったにもかかわらず、おおむね上手にそれを書き記せたことは、ブルガリアの音楽学者たちの非常に大きな功績と言える。たしかに、たとえばわが国に比べれば、そこでは地主と農民とがはるかに近しい関係にあるので、教育を受けたブルガリアの音楽家にとって、実際に自分がその中で育ち、そこから脱け出ることもなかったリズムに気づくことは、それほど難しくなかったのかもしれない。しかしその事実もまた、彼らの功績の意義を少しも減じることはない。

これらのブルガリアン・リズムは通常のリズムに由来するのか、そしてそれらは一体、どのような心理的プロセスの結果として発達を遂げたのか、考えてみるのは面白い。わが国のある著名な音楽家はブルガリアン・リズムの旋律をはじめて耳にしたとき、声を高めて言った。「こんなによろめいたリズムの旋律があるとすると、ブルガリア人は皆、片足を引きずっているのだろうか?」冗談としては良い冗談である。しかし、たとえブルガリア人の大多数が現実に片足を引きずっていたとしても、心理学的な説明としてこれでは十分ではない。

ルチェニツァのリズムをもう一度調べてみよう。一六分の二+二+三拍子である。注意散漫な聴き手はこれを八分の三拍子とも四分の二拍子とも見なすだろう。もし八分の三拍子に由来すると見るならば、一六分音符一個分増加したと言わねばならないし、四分の二拍子に由来すると見るならば、一六分音符一個分減少したと言わねばならない。私はむしろ増加による説明を支持したい。ブルガリア人たちもまた――彼らのリズムの定義から読み取れるように――私と同意見のようである。

私の印象では、この音価の増大は強弱アクセントの時間軸上への移し替えによるものだ。というのもブルガリアン・リズムにおいて、まさに一六分音符一個分長くなった拍が強拍、ないし強拍のかわりとなっているように聞こえるからである。

もっとも、この問題についてわれわれはごく大まかにしか答えられない。たとえばブルガリアン・リズムを用いた舞曲に関して、振り付けも知らないのだから。そもそも踊りの動作が強拍に来るのか、反対に弱拍に来るのかもわれわれは知らないのだ。

最後にブルガリアン・リズムの教育的な利点について言うならば、この点は議論の余地がないように思われる。この種のリズム課題を出すことは、音楽の勉強のごく初期においても望ましいだろう。はじめは学生の技術的な土台もまだそれほど出来上がっていないので、手を叩かせたり、太鼓を打たせたり、指揮させたりすればよい。その後でこうしたリズムの比較的単純な曲を演奏させ、最良の場合には歌わせるのもよいだろう。すぐれたブルガリアの民謡研究者ライナ・カツァロヴァの著作に『クリスマスの歌』という学校の教科書がある。そこにわれわれは通常の「西洋の」リズムによる旋律と並んで一六分の五拍

譜例9　ブルガリアのクリスマスの民謡。ライナ・カツァロヴァによる採集と児童合唱用の編曲

子、一六分の七拍子、一六分の九拍子の旋律も見出せよう〔譜例9〕。

もちろん、これほど極端に短い一六分音符を数えることはできない。単純な数詞をこれほど速いテンポで唱えられる言語は存在しないからである。そこでカツァロヴァは「ティ（ti）」と「リ（ri）」という音節の使用をすすめる。つまり、八分音符には「ティリ」を、符点八分音符には「ティリリ」を生徒達に歌わせるのだ。同様に「ム（m）」「タ（ta）」という音節もふさわしい、と私は考える。とはいえ、ある種の動作も数えることのかわりとなるかもしれない。ブルガリアの学校でこの本によってどんな成果が生まれているのか、私は知らない。しかしそこでの状況はきっと、わが国の場合よりはるかにやりやすいに違いない。というのも大部分の生徒にとって、この種のリズムは馴染み深いも

ののはずだからである。
もし音楽を学ぶ人々が子供のときからすでにこのようなリズムに親しんでいたならば、音楽学校を卒業したオーケストラ団員がこれよりずっとわかりやすいリズム型を、まるでアラビア語で書かれたもののように眺めることもなくなるだろう。

訳注
〔1〕イゾルデとの再会を喜ぶトリスタンが「おお、私の血！ いざ楽しげに流れよ！（Heia mein Blut! Lustig nun fließe!）」と歌う箇所を指す（『トリスタンとイゾルデ』第三幕第二場）。
〔2〕一九三三年はドイツでヒットラーが政権を掌握した年にあたる。
〔3〕おそらく記譜上のミスにより、バルトークはこの小節に一六分音符六個分の音価しか記していない。

トルコでの民謡採集

小アジアへの研究旅行を行うことになった経緯は以下の通りである。一年半前、トルコ指導部はヒンデミットの指導と助言のもと、自国の都市の音楽文化をヨーロッパのモデルにならって組織化しはじめた。しかしトルコの民俗音楽から形作られるような、トルコ固有の国民音楽をいかに発展させるかという課題について、彼らはふさわしい助言者を持っていなかった。彼らに対して、民俗音楽の採集についての指導を行える者がいなかったのだ。

こうして計画が立案され、トルコ唯一の政党であるハルクエヴィ党〔1〕アンカラ本部が私を招くこととなった。私の間違いでなければ、このアイデアはアンカラ大学でハンガリー語を教えていたラーショニ・ラースロー教授の発案によるものだ。彼はトルコとハンガリーとの文化的関係のさらなる強化のために仲介者の大役を果たしていたので、この計画をできるだけ早く、できるだけ完全な仕方で実現させるのにいかなる労力も惜しまなかった。

招待という名目で、私は音楽伝承研究に関連した問題についてアンカラで三回の講演を行うことと、ハンガリーにちなんだプログラムによるオーケストラの演奏会にも出演することを依頼された。さらに彼らは二つの採集旅行を実施することも約束してくれた。私がハンガリー科学アカデミーのために、アナトリアのトルコの民俗音楽を持参した蠟管に収録できるようにしてくれたのである。この提案を私が喜んで受け入れたのは言うまでもないだろう。

旅の途上で私はイスタンブールに寄った。当地の市立音楽院による民俗音楽のレコード・コレクションをごく簡単にでも調べて、トルコでこれまで民俗音楽研究の領域で何が行われてきたか、概略を知るためである。録音は技術的観点から言えば申し分のないことが明らかになった。イスタンブール市の依頼でコロンビア社とヒズ・マスターズ・ヴォイス社は二枚組レコードを六五セット製造していた。これは当地に呼ばれた、大部分は農民からなる人々の演奏を録音したものだった。両社は一九三〇年以来このシリーズの制作を続けており、およそ一三〇の旋律が録音されている。もちろん沢山とまでは言えないが、それでもこれはレコード四枚からなるささやかなハンガリーのコレクションに比べれば、まだ多い数字だろう。

シリーズのより大きな欠点は、旋律の選択が十分計画的になされなかったこと、なされえなかったことにある。現場での（村での）採集が行われていなかったため、最初に何を録音しなくてはならないか、そもそも何が録音に値するか、誰にも分からなかったのだ。そのために大部分の録音はたまたまイスタンブールにやってきた旅の音楽家たちによってなされた。ところがよく知られるように、こうした人々は——方々を渡り歩いた結果——土地とゆかりの深い村の音楽に関しては、それほど信頼できる情報源ではないのである。シリーズのもう一つの欠点としては、旋律の記譜がなされなかったばかりか、録音に際して歌詞も書き留められなかったことがあげられる。後者の欠落は多くの場合、後からではもはや取り返せない。というのは——私自身も現地でわかったのだが——トルコ人たち自身でさえレコードから歌詞を聞き取れないことがあるからだ!

アンカラに到着後の最初の用事は、講演と演奏会を実施することであり、これにおよそ一週間かかった。民俗音楽の採集ができたのはその後である。

五日間を予定していた最初の採集旅行は私自身の病気のために中止となった。しかしながら講演と演奏会が実施された今、二つ目の旅行の実現を妨げるものは幸いに何もなかった。

出張の手続き上の問題は以下のように解決された。すなわち、作曲家アハメド・アドナン氏がハルクエヴィの依頼で私に同行する。彼の仕事は歌い手に質問したり、歌を依頼したりすること、さらに歌詞を記録することにあった。彼のほかに、トルコ教育省の依頼でアンカラ音楽院の教師であるネジル・キャーズム氏とウルヴィ・ジェマル氏もわれわれに随行した。現場での民俗音楽の採集がどのように行われるものなのかを彼らは見学しに来たのである。候補となった地方の支部に対して、ハルクエヴィ本部はわれわれを助けるためにできる措置をすべて行うこと、宿泊施設を手配し、自動車や馬車を用意することを指示した。つまり、われわれの旅行が少しの支障もなく進むよう、最善を尽くすように伝えてくれたのだ。実際、どこに行っても行き届いた配慮をしてもらえたので、正直なところ、この旅行を思い返すとき胸が熱くなるのを抑えられない。それでも出かける時、私は不安だった。トルコ人の同伴者たちが良い成果をあまり保証してくれなかったせいである。農民たちと仲良くなり、最終的に歌ってもらうまでには、やはり数週間が必要だ、などと彼らは言っていた。ところで、今気づいたが、われわれの旅行先がどこになったのか、まだ書いていなかった。われわれは南アナトリア地方のシリア国境からほど近い地域に行った。このあたりにユルク人の冬の居住地があったためだ。

ユルク人は遊牧生活を営むトルコ人部族である。冬、彼らは標高の低い、「低い土地」と呼ばれる南部の丘陵地に住み、夏になるとタウルス山脈の高地へと移動する。このような古くからの暮らしを続ける人々ならばありとあらゆる音楽上の古い伝統もよく保っているかもしれない。そのような仮説をわれわれは立てていた。

中心地はアダナという町で、われわれは最初の二日間、そこで作業を行った。村々から集められてきた歌い手を相手にして、われわれはかなり良い成果を得た。たしかに、この採集は民謡採集の鉄則、すなわち研究者は村そのものの中で採集を行わなくてはならないという決まりに完全には適合していなかった。とはいえ——前週の私自身の病気のために

――最初の数日間、どうしてもわれわれは村々に出かけられなかったのだ。

三日目にメルスィンという海岸沿いの小さな町に出かけたが、そこでの成果は実際のところ、満足のいくものではなかった。ただ、ほかのあらゆる種類の珍しい事物が不満をある程度まで和らげてくれた。そこはもう本物の亜熱帯地域だった。私が滞在した一一月の終わりも八月の終わりのような暖かい天候で、ナツメヤシやサトウキビが育っていた。コショウの木や、花が咲いて実がなっているバナナの木の下をわれわれは散歩したが、気温が零度以下に下がることは決してなかった。

四日目にわれわれはようやく当初の計画通り、ユルク人の住む地方に出かけた。アダナからさらに東に約八〇キロ移動して、最初にわれわれはオスマニエという大きな集落に入った。オスマニエや隣接する村々に住む人々は「ウラシュ」という部族に属していたが、この部族はすでに七〇年も前に理由があって定住せざるをえなかった人々である。

われわれは午後二時にオスマニエに到着した。そして四時にはすでに、農家の中庭にいた。私はとても喜んでいた。ようやく現場で採集できる、ようやくもう一度、農家に行けるのだ！　家の主人である七〇歳のアリ・ベキル・オウル・ベキルはわれわれをとても友好的に迎えてくれた。年齢についてわれわれが尋ねると、誇らしげに話してくれた――もちろん、通訳を通してだが――歯はないけれども、何でも嚙めるし、七〇歳にして山々をウサギのように歩けるという。まもなく彼自身もまた、楽器を弾けることが明らかになった。それはケメンチェという、ルバーブのような弦楽器だった。楽器自体はヴァイオリンくらいの大きさだが、もちろん、昔からの習慣通り、チェロのように構えて弾く。調弦もわれわれのヴァイオリンと同様だが、第一弦だけは〔ホ音ではなく〕二音で調弦する。老人は一切迷わず、中庭で一曲、古い軍記物語のようなものを歌い始めた。

狼がコザンの総督《パシャ》となった
道理が立たぬ、このたくらみ

自分の耳を疑った。何ということだ。まるでハンガリーの古い旋律の変奏のようではないか。喜びのあまり私はすぐベキル老人の歌と演奏を二本の蠟管いっぱいに録音した（譜例1参照。譜例2はこのトルコの旋律のハンガリーにおけるヴァリアントを示す。後者はコダーイのコレクションに由来するホントフュゼシュジャルマト〔現スロヴァキア領ホンティアンスカ・ヴルビッァ〕の旋律）。

その間に日が沈んだ。老人と家の人々が夕食をとる間、われわれは仕事を中断しなくてはならなかった。じつはこの時期はちょうど、ラマダンの断食月にあたっていた。敬虔な信者たちはこの一ヶ月の間ずっと、日の出から日没まで食事と水をとってはならない——コーランが格調高く説くように、黒い糸がもはや白い糸と見分けられなくなるとき、その

譜例1

♪=ca.130
Hiy, Kurt pa - şa çïk - tï go - za - na, -
A - kïl yet - mez bu dü - ze - ne,
Ol - dür - müş - ler gu - zan oğ - lu, - viy
Ya - sak me - ze - rin va - za - na, - yiv

譜例2

Ö - veg az ab - la - kom, nem réz,
Kin az én ga - lam - bom ki - néz.
Ki - kö - nyö - köl gyöngy - kar - já - ra,
Most is hitt, hogy men - jek ar - ra

日の断食は終わるのだ。この地方の人々はまだ非常に信心深く、紳士然とした村の指導者たちも厳格に断食を守る。そのためにこの断食期間は、たしかにちょっとした厄介ごとを採集者たちにもたらすことがあった。ベキル老人が聞かせてくれた二番目の旋律は――またもやハンガリーの旋律とよく似ていた。ほとんど衝撃的でさえある、と私は心の中でつぶやいた。ちなみに彼は、その旋律を家の男部屋、つまり女性が入ってはならない場所に入ってから歌ったのだった。それから老人の息子や、そこに集まったほかの人たちも一曲ずつ提供してくれた。こうしてめいめいが自分たちの好きな、実りある仕事をして一晩を過ごしたのである。ただ、旅の同伴者達のあらゆる試行錯誤にもかかわらず、女性の歌い手だけはどうしても得られなかった。

次の日われわれはかなり遠方の、まだ遊牧生活を続けている部族のところまで行きたかったのだが、思いがけない豪雨によってこの計画は実行できなくなってしまった。どこから調達したのか、自動車は申し分がなかったけれども、道があまりに泥だらけで、あえて危険を冒すのは賢明ではないように思われた。そこでわれわれは沢山の議論をしたあげく、自動車で近くのチャルダク村に行くことにした。

私は女性の歌い手を連れてくるまで採集を始めないことを宣言した。

予想に反して、割合とすぐに一人の女性が連れてこられたが、これは呼んだだけ無駄であった。つまらない旋律を二曲、それも大まかかつ自信なさげに歌ったので、私は録りもしなかった。それからわれわれは、午後四時頃まで小さな男の子の相手をして、二、三曲録音した。そして——完全に行き詰まってしまった。われわれはもう荷造りを始めた。落胆を胸に、オスマニエに戻ろうとしたのだ。そこへ突然一人の紳士があらわれて、こう尋ねてきた。「皆さんは何かご不満がおありのようじゃが?」「おっしゃる通り」——われわれは言った——「ほとんど何も見つかりませんでした。ここでは誰も歌ってくれないのです。」「がっかりなさるな」——紳士は言った。後から明らかになったのだが、じつはこの人は元国会議員だった。——「自分の村のことなら、わしがよく知っておる。歌い手を大勢集めてくるから、あとはじっくりお聞きなさい。」そして実際、彼は学校の教室を使って、素晴らしい採集の場を設けてくれた。楽師も二人、隣村から呼んでくれたし、踊りまであった。それもなんという踊りだったろう! 音楽自体もすでに——全く驚嘆すべきものだった。文字通りの意味においてである。一方の楽師は(非常に鋭い音色のオーボエのような)「ズルナ」という楽器を吹き、他方は「ダウル」という名の、体の前に固定された大太鼓を叩いた。後者が本物の悪魔のような荒々しさで太鼓を、それも木の撥で叩くので、もはや彼の太鼓か、私の鼓膜かのどちらかがしまいに割れるのではないかと思われた。のんびりとまたたいていた三本の石油ランプの灯も、太鼓が打たれるたびにぎょっと跳ね上がった。そして踊り……踊ったのは四人の男だった。より正確に言えば、ソロの踊り手は男性一人のみで、他の三人は動きが非常に少なく、腕を互いに組み、まるで傍観しているかのようだった。奇妙なことに二人の楽師も、傍観者然としたステップと動作で踊りに時折参加した。しかしながら数分後、彼らは突然曲を終えた。踊りがすむと、次は歌である。傍観者役の三人のうち一人がうっとりと、えも言われぬ恍惚の表情を浮かべて歌いはじめた。彼はテノール歌手の最高音から歌い出し、旋律の終わり近くで人並みな音域に降りてきた。

七、八詩節歌った後、再び音楽が始まったが、これはもう別の舞曲の旋律によるものだった。それから前と同様、舞曲の合間の休憩に独唱が続いた。このようにして、演奏と歌の交替からなる即席の踊りの催しが行われたのだ。私は、自分の貧弱な、性能の低いフォノグラフが恥ずかしかった。こういった場面を記録するには、最上のグラモフォンの録音設備でさえ不十分だっただろう。実のところこの種のものは、トーキー映画を使ってはじめて記録できるのだ！——もっとも、一つだけ、この場面の見事さを損なうものがあった。民族衣装が完全に欠落していたのだ。これらの人々はごく平凡な、使い古された西ヨーロッパのお決まりの服装しか身につけていなかった。トランシルヴァニアやバルカン半島ではまだ多くの場所で民族衣装が花盛りなのに、どんな陰謀によってこの工場労働者風のひどい服装が遊牧民のユルク人、ないしその末裔のところにまで侵入できたのか、ほとんど見当もつかなかった。

元国会議員氏のおかげで、チャルダク村では見事な成果が得られた。それに加えて、ここの人々もベキル老人の「ハンガリー風」の歌を知っていることが明らかになった！　あの旋律がたまたま残っていた珍品ではなく、この地方でまだ実際に命脈を保っていることを示す点で、これは非常に重要な情報と言えるだろう。

次の日、再び雨が計画の邪魔をした。長い打ち合わせと短くも困難なドライブの末、われわれはトプラッカレ村に着いた。そこでわれわれは馬車を迎え、どうにか我慢できる道を通ってようやく本物の遊牧民のテント集落に向かった。正午頃に目的地に到着したが、ほどなくそこに採集すべきものがあまりないことを悟った。男たちが遠くへ出かけていたのだ。女たちはたしかに家にいたが、夫の許可なしに歌を歌うことなど、考えられなかった。若く見積もっても八〇歳と見受けられる素足の老人もあたりを歩いていたが、彼は歌いたがらなかった。一一歳で牧童見習いをしているオスマン少年が昼食に戻ってきたことで、ようやくわれわれは全く成果のない状態から抜け出せた。太陽が輝く空の下、彼が歌うとても面白い旋律をわれわれは一つ、録音した。それからテントの前に広げたマットレスで昼食をとり、さらに遠くの遊牧民の集落へと向かった。馬車は大小の川を渡って進んだが、道は次第に岩がちになり、ついには道とは全く呼べないものになってしまった。われわれは岩だらけの山腹を馬車に揺られながらガタガタとさらに進んだ。たとえ道具を一緒に運んでいなかったとしても、ひどいものだっただろう。しかもフォノグラフや蠟管箱を膝の上にのせ、絶えずそれらを気にかけながら行くのだから、この旅行は快適なものとはとても言い難かった。ついにわれわれはもう我慢できなくなって馬車を降り、それぞれがこわれやすいもののうちから何かを手に持ったり、背負ったりして運んだ。日の沈む五時頃、ようやくわれわれはテジルリという部族の冬の集落に到着した。テジルリは遊牧を営む部族だが、冬の宿営地では残念ながらもはやテントではなく、枝壁を粘土で固めた小屋に住んでいる。われわれはもっとも位の高いリーダーのところを訪ねたが、ガイドの一人は彼のことを昔から知っていた。このリーダーはとても友好的にわれわれを迎えてくれたが、慎み深い礼儀から、われわれの訪問の目的や奇妙な装備についてあれこれ聞こうとしなかった。そしてすぐに敬意の印として羊を屠《ほふ》らせようとしたが、われわれは七面鳥一羽で十分であることを伝えた。それから彼はわれわれ全員を家に招き入れてくれたのである。足を踏み入れたのは窓のない、真っ暗な場所だった。壁沿いにマットレスのようなものが並べて広げられ、部屋の中央には炉があった。われわれが当地の習慣に従って靴を脱ぎ、マットレスの上に胡坐《あぐら》をかくと、家の者たちが薪に火を点し始めた。煙突もなく、窓もなかったので、部屋はもちろん数秒のうちに、涙が出るほどの煙で一杯になった。前日の夜、われわれの鼓膜が容赦ない攻撃にさらされたとすれば、今度は目である。「変化は悦ばせる（variatio delectat）」——文句は言えなかった！　幸いにもまもなく、薪の炎がゆらゆらと燃えはじめ、煙の大部分も枝壁のすき間から出て行ってくれた。

次第に部屋は近隣の人々で一杯になり、打ち解けた会話が始まった。それが夜七時頃まで続いたが、その頃までわれわれのガイドは自分たちの訪問の目的についてあえてふれようとしなかった。――七時頃になってようやく私は彼が「トルコ民謡（türkü）」、「トルコ民俗音楽（türk halk müsiki〔müziği〕）」などといった言葉を発するのを聞いた。ようやく民謡が話題になったのだから、もうすぐ事態は動くだろう。事実、いかなる時間稼ぎもなしに最初の旋律が鳴り響いた。それはまたもや非常にハンガリー風な旋律だったが、歌ったのは一五歳の少年だった。私は急いで録音機材を用意した。もちろん、地べたに敷かれたマットレスの上に。そして薪の炎を頼りに旋律を書きとめた。さて、これでよし、歌を録らせてもらおう――ところが事はなかなかうまく運ばなかった。純朴な歌い手は、もし自分がこの悪魔の機械に声を吹き込んだら、永遠に声を失ってしまうのではないかと怖がった。この道具は声を録《と》るばかりではなく未来永劫、盗《と》ってしまうかもしれない、というのだ。彼の心配を払い去るのにだいぶ苦労したが、その後は支障なく、夜中まで切れ目なしに作業できた。そしていよいよ、デリケートな問題を持ち出す時が来たと私は思った。女たちのことである。「そもそも女性たちは男性たちと違う歌を歌うのでしょうか。」――「とんでもない。ほかの曲など知りません。」短く、きっぱりとした答えが返ってきた。――「それなら」――なおも私は食い下がった――「同じ曲を知っているのですね。彼女たちの歌も何か聞ければ良いのですが。」男たちはあれこれ議論したあげく、以下のように回答してきた。「女たちは」――彼らによれば――「自分たちの夫の前でも歌いません。夫ですら彼女たちに歌を要求できませんし、要求するべきではないのです。」夫の権利を越え出たことをわれわれが要求するわけにもいかなかった。仕方なく、われわれは説得を試みるのをやめた。とはいえ、何ともったいないことだろう！　同じ家のわれわれのすぐ近くに、主人の妻が一人どころか、同時に二人もいるというのに。――そこで私はアンカラに戻ってから関係者たちに、この問題は何があろうとも、解決しなくてはいけないことを伝えた。ふさわしい能力を持つ女性たちに採集旅行をさせるか、男性採集者に妻も同行させ、妻に女性たちからの採集を試みてもらうか。たとえば子守唄を男性のしわがれ声で録音することなど、やはりあってはなるまい。歌うかどうかにかかわらず、そもそも男性たるものは決して子供をあやしたりしないのだから！

テジルリの遊牧民のもとで私は採集旅行を終えた。採集旅行の「模範例」を実施し、随行するトルコ人諸兄の手本となるのが私の意図だった。しかし残念ながら、本当に手本となるような調査結果が得られなかったことを、白状しなくてはならない。失敗の一つは、最外的な事情に強いられてとはいえ、始まってからすぐに生じた。すでにふれたように、最初の三日間、現場、つまり村に行くことができなかったのだ。この採集のもう一つの失敗は、旋律に関するデータ（誰がいつ、どこで歌うものなのか、誰からその歌を教わったのか)を正確な詳細とともに得られなかったことにある。しかもデータとして得られたものも信頼がおけない。しばしば矛盾しているのだ。この欠陥の原因は部分的には期間の短さに（より正確なデータを得るには、それと引き換えに、新たな旋律の採集を諦めなくてはならなかっただろう）、部分的には調査環境に求められよう。というのも私は通訳の助けを借りたため、相当にぎごちない手順を踏んでようやく歌い手に質問できたからである。奇妙なことに、数人、ないし大勢で一緒に歌を歌う習慣があるのかどうか、あるとすればいつ歌うのかが、全く明らかにならなかった。実際、われわれは共同生活を営む（同じ村の）歌い手たちに対して、一緒に歌うように説得できなかった。何度か説得を試みたものの、全く不首尾に終わったのだが、これはそもそも一緒に、合唱して歌う習慣が彼らにないことを示唆しているのかもしれない。とはいえこの説も、留保つきでようやく受け入れられるものである。というのもトルコ民族がけっして合唱しないなどというのは（もちろんここで問題にできるのは単旋律の歌のみだが）、考えにくいことだからだ。三番目の失敗は女性たちの歌を聴けなかったことだが、これについてはすでに述べた。最後の失敗として、歌詞をすべて書き取るかわりに、しばしばフォノグラフで録音した分しか書き取らなかったことがあげられよう。しかしながらこれらすべての失敗にもかかわらず、今回の採集は科学的観点から見てかなり貴重で、かなり興味深い成果をもたらした。

もっとも重要な成果は、調査した直径八〇キロメートルの地域において一定の特徴を持つ旋律タイプを一つ、発見したことである。採集した九〇の旋律のうちおよそ二〇曲がこのタイプに属していた。この旋律タイプの構造はハンガリーの古い旋律の、いわゆる「下降する構造」と驚くほどの類似を示している。すなわち、一番高い音から旋律を開始した後、どんどん下降していき、終わり近くでようやく、旋律中のもっとも低い音にたどり着くのである。ハンガリーの古い旋律と異なるのは、ハンガリーの旋律が〔もっとも低い音から見て〕オクターヴ上あたりから始まるのに対して、これらの旋律が大抵一〇度上あたりから始まる点である。終止音は旋律中のもっとも低い音でもある（これに対して、ハンガリーの旋律では終止音より長二度低い音に触れることがしばしばある）。一部の旋律にはより豊かな、そしてところどころやや異なる仕方の装飾がつくことがある。音階は五音音階ではなく、大部分はエオリア旋法かドリア旋法からなる。とはいえ、かつて五音音階だったものからこのように変化した可能性もないわけではない。否定的な特徴として、これらの旋律にいかなるアラブの影響も見て取れない点は重要だろう。それはせいぜい装飾にところどころ認められる程度なのだ。この旋律タイプからさらに二曲を、対応するハンガリーの例とともに紹介しておこう（譜例3にあるトルコの旋律のハンガリーにおけるヴァリアントは譜例4、ヴィカールのコレクションに入っているゼンテルケ〔現ルーマニア領ザム〕の旋律に見出される。譜例5にあるトルコの旋律のハンガリーにおけるヴァリアントは譜例6、ヴィカールのコレクションに入っているエルデーケヴェジュドの旋律に見

譜例3

♪=184
Ev - le - rı - nın o - nü ga-ya - va,
Ga - ya - dan ba zar - lar a - ya, vey,
Hav - lĭ - da - kì de du - ru ta - ya,
Bingi - de lim em - mim oğ - lu, yey.

譜例4

Egy út mëgy az Vág - Du - ná - ra,
A Vág - Du - ná nak híd já - ra.
Ott ëggy csi - nos szög - let - ház - ba.
Kar - csú kis - lány la - kik ab - ba.

譜例５

♪=200
Gĭz - lar top - lan - dĭ me - ze - re,
Eh - med oğ - ra - mĭş na - za - ra - yi yi yi
Ha - bur sa - lĭn gar - da - şĭ - na,
2
Pos - ta ge - li - yor ba - za - ra - yi yi yi yi yi

譜例６

Fe - hér Lász - ló lo - vat lo - pott
A Fe - ke - te ha - lom a - ló'
Pej pa - ri - pát kan - ta - ros - tól,
Cif - ra nyer - gës szër - szá - mos - tól

出される)。

ほかの七〇の旋律に統一性はないが、その一部において私は、ハンガリー民謡でおなじみのいわゆる「交替する付点」のリズムを見つけた。[3] 付点リズムの交替は歌詞に順応しているのか、順応しているとすればどの程度順応しているのか、といった問題は綿密な調査を通じてはじめて解決できるだろう。アンカラでは中央アナトリア出身の一三歳の下女からもさらに六つの旋律を採集できたが、印象的だったのは、六つのうち二つの旋律の構造と性格が同様にハンガリーの、いわゆる一一音節の旋律を思い起こさせたことである。

トルコ人の間ではどこでも、いわゆる「雨乞い」の歌が知られているが、これらは歌詞の上でも旋律の上でも、南スラヴ人やルーマニア人の間で知られ、同じ目的で歌われる「ドドラ」や「パパルダ」に完全に対応している(旋律はハンガリー人やスロヴァキア人、さらにはいくつかの西ヨーロッパ諸民族の子供たちが歌うわらべ歌や遊び歌のそれと類似している)。

奇妙なことに、増二度を伴う、あの東方的な(アラブ的な?)音階は、バルカン半島全体であれほど普及しているのにもかかわらず、アダナ地方のトルコ人の村々では全く知られていなかった。もしトルコ人からではないとすると、この種の音階はいったい誰のもとからバルカン半島にもたらされたのだろうか?[4]

同様にホラ・ルンガ風の旋律についてはどこにも痕跡を見出せなかった。対照的に、いわゆるブルガリアン・リズムに類するものはいくつかの地方、たとえば黒海沿岸地方の東部、さらにはアダナ地方でも知られていた。

今日のトルコ共和国の領土はドイツ共和国の領土のおよそ一・五倍であり、その人口はおよそ一七〇〇万人にのぼる。たしかに、これほどの領土で九〇曲というのはいかにも少なく、そこから決定的な結論を引き出すことはできないかもしれない。しかしながらこのささやかな成果においてすら、すでに二〇パーセント以上の民謡がハンガリーの古い民謡との関連性をはっきりと示しているという事実は、かりに数千の民謡の採集が組織的に行われ、まとめられれば、はるかに多くの一致した特徴を見出せるかもしれない、という希望を少なくとも抱かせてくれる。明らかに、これらの一致は偶然の一致ではない。というのはユーゴスラヴィア人、北方や西方のスラヴ人、ギリシャ人のもとでこうした旋律は痕跡すら見当たらず、ブルガリア人のもとでもごく稀にしか見出せないからである。このような構造を持つ旋律の幅広い普及がこれまでのところ、ハンガリー人、トランシルヴァニアのメゼーシェーグ地方や、モルドヴァ地方のチャーンゴー人の周囲に住むルーマニア人、さらにはチェレミス人と北方トルコ諸民族においてしか見られないことを考慮するとき、これらの旋律が古い、千年以上前のトルコの音楽様式の名残であることは一層確実に思われてくるだろう。

採集旅行を実現させてくれたすべての人々に、最大限の感謝の言葉を述べておかなくてはならない。まずアンカラのハルクエヴィの指導者で、出張旅行全体をこの上ない配慮をもって計画してくれたフェリド・ジェラール氏、アダナ地方のハルクエヴィの指導者たちとアダナ博物館館長のアリ・ルザ氏に感謝したい。アリ・ルザ氏は倦むことのない熱意をもって、私とともにユルク人の住む地方を回り、旅行中のあらゆる困難を解決してくれた。さらに忠実なる同伴者、辛抱強い同僚にして通訳だったアハメド・アドナン氏に感謝したい。そして最後に、アンカラ滞在中に私のためにあらゆることで周到に便宜をはかってくれたマリアーッシ・ゾルターン駐アンカラ大使にもお礼を述べたい。

今後われわれがなすべきことについて、アンカラの文化省の部門責任者であるジェヴァド氏と数度にわたって詳細に検討した。その話し合いからわかったのは、トルコ政府が自国において、民俗音楽研究を早期に開始したいという確固たる意志を持っていることだ。政府がこの意志を持ち続けてくれること、ハンガリーとトルコの民謡研究、ひいては国際的な東ヨーロッパの民謡研究の利益と発展のためにも、当地においてこの領域の組織だった研究がなるたけ早く始まってくれることを期待しながら、私の報告を終えることとしたい。

訳注

〔1〕「ハルクエヴィ」（「人民の家」）。一般的には複数形で「ハルクエヴレリ」と呼ばれる）はこの時代、トルコの国民文化の創出に重要な役割を果たした団体である。バルトークは誤って「ハルクエヴィ」を「党（párt）」と呼んでいるが、一九三六年当時の「トルコ唯一の政党」の正式名称は共和人民党である。おそらく「ハルクエヴィ」（「ハルクエヴレリ」）が共和人民党によって組織された団体だったことから、混同が生じたのだろう。

〔2〕おそらく記譜上のミスにより、バルトークはこの小節に八分音符六個分の音価を記している。

〔3〕「ハーヴァード大学での講義」（本書所収）の「第三のリズム」に関する議論（本書二五二ページ）を参照せよ。

〔4〕ルーマニア人の間で歌われる、即興的・装飾的な朗唱様式。論文「なぜ、そしていかにして民俗音楽を採集するのか」（本書所収）訳注〔1〕を参照せよ。

Ⅲ　作曲家論と同時代の音楽について

リストに関する諸問題

四つの問題を考えよう。これら四つは、リスト・フェレンツと彼の生涯の仕事に関連して、とくにわれわれの興味を引く問題である。

その一つ目は、今日のわれわれが一体どのくらいリストの作品を理解しているのか、そのうちの何を好み、何を好まないのかにかかわる。

二五年前、私はある雑誌に「リストの音楽と今日の聴衆」という題の記事を発表したことがある。(1) その中で私は、当時の聴衆の態度をもとに、これらの問いに答えようとした。そして悲しむべき結論に到達したのだった。人々はほとんどもっぱら価値の低い、うわべだけ華やかなリストの作品だけを受け入れ、愛好しており、もっとも価値が高い作品、驚くほど未来を指し示している作品を拒絶し、嫌っている。後者は彼らにとって、不要だったのだ。

状況はそれ以来、たしかにかなり改善された。しかしわれわれはまだなお、ありうべき状態、本来そうあってしかるべき状態までたどり着いていない。だからこそ、あの問いが今日もなお、幾度となく新たにわれわれの前に立ちふさがる。あの問いとはつまり、なぜ人々はいまだにリストの作品のうちで、あまり重要ではない、耳をくすぐる作品をとりわけ好み、もっと価値の高い、きらびやかなところの少ない音楽を敬遠するのか、というものである。

問いの前半に答えるのはやさしい。平均的な音楽家や平均的な聴衆は決して本質を見ず、常にうわべだけを見る。もし、うわべが十分に派手ならば、その魅惑的なうわべにたまに見て取れる欠点を受け入れ、許容するし、そもそもそれに気づかないことすらあるのだ。──一方、問いの後半、つまりなぜ多くの人々がリストのもっとも重要な作品に対してあれほどよそよそしい態度をとるのかという問題に答えるのは、もはやそれほど簡単ではない。その場合は様式批判や美学にもとづいて作品を考察する必要が出てくるからである。

もし作曲家リスト・フェレンツを先人たちや同時代人たちと比べるならば、彼の全仕事のうちに他の人々の仕事にはけっして見られない、独特の現象を見出せる。リストの時代以前、ないし彼と同時代の作曲家の中で、彼ほど多種多様な音楽から影響を受けた作曲家は一人としていないことが判明するのだ。

もっとも偉大な作曲家も含め、どのような作曲家も最初は既存の手本をもとに、つまり一種類、ないし互いによく似た数種類の手本をもとに創作をはじめる。ある者は──革新者は──そこから段階的に、もはや出発点をほとんど思い出せない境地へと進んでいく。一方、別の者は──偉大な綜合者は──彼以前からあったものを発展させ、以前には見られず、思い描かれたことすらなかった統一性を作り出すのである。ところがリストは一種類の手本から出発したわけでも、互いによく似た数種類の手本を自分のものにしたわけでもなく、極めて対照的で、ほとんど互いに融け合わないように見える諸要素からの影響にわが身をさらしたのだ。

これらの影響を一つ一つ見てみよう。同時代人の中では、ショパンの影響が主にある種のピアノ作品において、かなりの程度感じられる。前世紀〔一九世紀〕前半のベル・カント様式の痕跡は、ほとんどすべての彼の作品に見出せよう。ハンガリーのいわゆる「ジプシー音楽」にどれほど大きな影響を受けたかについては、言うに及ぶまい。一方それとは全く対照的な、イタリアの民衆の少々感傷的な音楽を受け入れたことも、イタリアにちなんだ彼の作品がはっきりと示している。スペインの民衆音楽に対しても無関心ではなかったことは、『スパニッシュ・ラプソディ』が示す通りである。あまり知られてはいないものの、『ルーマニアン・ラプソディ』も手稿譜の形で残っている。後期の音楽、主に教会音楽においては、グレゴリオ聖歌の影響も見て取れる。――ヴァーグナーとの関係についてとなると、解きほぐすのはもはやそれほど容易ではないかもしれない。リストの音楽に出てくる「ヴァーグナー風」な要素のうち、どれがリストに、どれがヴァーグナーに端を発するものなのかは、年代順のデータをふまえつつ、別の論文の中で論ずるべきことだろう。

おそらくヴァーグナーはリストに多くを負っていた。他方リストの後期作品、たとえば最後の時期の交響詩には、いくらかのヴァーグナーの影響が見出せるように思われる。いずれにしても顕著であり特徴的なのは、ヴァーグナーに関するものをのぞけば、ドイツ音楽の痕跡が、民俗音楽についてであれ芸術音楽についてであれ、リストの作品にはほとんど見当たらないことである。

では、このような多種多様の、ほとんど互いに相容れない要素をリストは一体どのようにまとまった全体の中へと組み込んでいったのだろうか？

何よりもまず、言っておかねばなるまい。リストはその手に触れたものを――ハンガリーの民俗調芸術歌曲や民謡、あるいはイタリアのアリアやその他のものも――作り変え、あたかも自分の持ち物にでもなったかのように、自身の個性の印をそこに刻み込んだのだ。それら外来の要素から彼がこしらえたものは、紛れもないリストの音楽となった。もっとも、それにもまして重要なのは、外来起源の音楽に、まさに自分自身だけに由来する要素をかけあわせることで、彼が自身の創造力の偉大さをわれわれがどの曲においても疑えないほどまでにしたことである。リストは言葉の最良の意味において折衷的だったと言えるかもしれない。というのも外からありとあらゆるものを取り込みつつ、さらに多くのものを自身の中から引き出し、そこに付け加えたからである。

とはいえ、うまく混じり合わない要素もあった。たとえばグレゴリオ聖歌とイタリア風のアリアがそれにあたる。リスト級の途方もない作曲技術をもってしても、これらを統一のとれたものへと鍛え上げることはできなかった。これについては一つだけ、例をあげたい。『死の舞踏』という、ピアノとオーケストラのための大規模な作品のことである。この曲は最初から最後まで、ぞっとするほど陰気な音楽だが、それはこの曲が、グレゴリオ聖歌の「怒りの日」の旋律に基づく一連の変奏であることによる。ところが作品の中盤に、八小節にも満たない、ほとんどイタリア風の感傷的な変奏が出てくる。不気味さと陰気さに取り囲まれた中、リストはこれによって明らかに意図的に、何か希望の光のようなものをほのめかそうとしたのだ。私は作品全体にいつも強い感銘を受けるのだが、この小さな部分だけはどうしてもそこにふさわしいもののように思えない。それほどまでにそれは、全体の様式上のまとまりにそぐわないのだ。このように前後から突出した、様式の統一性を損なう小さな箇所を、われわれはリストの数多くの作品に見出せる。

結果から見れば、そのことに大した意味はない。作品の本質とも言える、途方もない美しさの巨大な塊に比べれば、様式上の統一性のつかの間の犠牲など、小さな問題でしかないからである。とはいえ、平均的な聴衆は明らかにそうしたところでつまずく。偉大な美しさに気づかず、それを理解することもできなくなるのだ。見返りとして、うっとりするような、派手な演奏効果を楽しめるわけでもない。『死の舞踏』のような作品の場合、そもそものようなものはほとんどないからである。そこで彼らは作品全体を却下してしまうのだ。

リストが敬遠されるもう一つの事情は——少なくとも私の思うところ——彼の大規模作品に見られる、あの冗長さにもとめられる。これはシューベルト風の「天国のような長さ」とは異なる。そちらについてならば、若々しく湧き上がる、見事なまでに美しい想念ゆえに、われわれはためらうことなく許容するのだ。リストの大規模作品では、大きな部分をゼクエンツ（反復進行）のように、たとえば平行調で、まるごと繰り返してしまうことがしばしば起こる。そうしたものを今日の人々は、もしかするとより速くなった生活のリズムのせいで、必ずしも常に必要とは感じないのだ。しかし私の考えでは、大事なのはそこではない。これらの作品においても、未来を指し示す、偉大な大胆さの中に、つまり新しい、当時としては全く初めての試みの中に、本質はもとめられるべきなのである。そうしたものこそが作曲家としてのリスト・フェレンツを大家の一人へと高めているのだ。そうしたもののために、われわれは彼の作品を、あるがままに、その欠点とともに愛する。欠点とともに、と私があえてことわるのは、彼の大規模作品のどれ一つも、いわゆる「古典派の」偉大な諸作品においてわれわれが驚嘆するような、あの最高度の、はじめから終わりまで一貫した完璧さを示してはいないことによる。

リストがその作品によって、どのように新しく、重要なものを世界にもたらしたのか、詳細に論じようとすれば、本題からかけ離れてしまうだろう。一連の大胆な和声進行や転調をあげることはできる。たとえば互いに非常に隔たった二つの調を、いかなる移行部もなしに、並置する手法。あるいはその他にもたくさんあるが、説明するにはあまりにも多くの専門用語が必要になるだろう。しかしこれらはどれも皆、部分に関することに過ぎない。部分部分の新しさより一層重要なのは、『ピアノ・ソナタ』や『ファウスト交響曲』両端楽章のような主要作品に見て取れる、それまでのいかなるものとも異なるような、完全に新しい内容上のアイデアだろう。まさにこうしたアイデアにより、これらの作品は一九世紀のもっとも卓越した音楽作品となった。伝統とのつながりを完全に断ち切ることはなかったとはいえ、リストは形式的にも同様に多くの新しいものをもたらした。たとえば共通の主題と変奏技法に基礎を置く、循環ソナタ形式の最初の完全な実現を、われわれは彼の仕事において、数あるうちでたとえば『ピアノ協奏曲〔第一番〕変ホ長調』に見出せよう。このような形式上の解決は、リスト以降の時代、ますます重要になっていくものである。リストはさらに――ベルリオーズにならいつつ――いわゆる「交響詩」を発展させた。「ラッシュー〔緩やかなテンポ〕」と「フリッシュ〔速いテンポ〕」を並置する芸術音楽の形式も、リストが創始した試みと言える。実際のところ、ハンガリーの民俗的、ないし半ば民俗的な舞曲で慣例となっていた曲順が、彼をこの形式へと導いていったのだった。

彼のピアノ演奏の技術は、ショパンや、あまり重要ではない他の作曲家たちの技術を出発点としているが、円熟期になると彼はそれを新しい、個性的なものへと作り変えていった。独自の表現方法を磨き上げ、あらゆる発展の可能性を彼は一人で実現してしまった。その結果、この方面では後継者たちのやるべきことはほとんど何もなかった。――彼らはほかの道へと行かねばならなかったのだ。管弦楽法の改革者としては、リストはその全く独創的な手法ゆえに、あと二人の一九世紀の管弦楽法の巨匠、つまりヴァーグナーやベルリオーズとも堂々とわたり合るだろう。

リストの全思考、全世界観をもっとも正確に映し出す鏡を、われわれは彼の作品自体の中に見出せる。彼の楽観主義を一番よく表しているのは、多くの大規模作品に聴かれる、「浄化」を思わせるあの終結部分である。彼が一人の人間として自身の時代、つまりロマン的な一九世紀をそのあらゆる長所、あらゆる誇張とともに受け入れたことが、よく理解できる。雄弁家風の感情表現が多すぎるのもここに由来する。彼がもっとも重要な作品においてさえ行った、市民階級の聴衆に対するある種の妥協もそこから説明できるだろう。繰り返し言おう。これらの欠点だけを難ずる人々は――今でも愛好家の一部はそうなのだが――目先にとらわれ、ことの本質を見ていない。ところが公平な評価は、本質を見ることなしには下せないのだ。

一部のピアノ作品は、あたかも意図的に平凡な趣味の人々を満足させようとしたかのようである。もちろんそこですら、ごく些細な部分一つを取っても、彼の偉大な作曲技術が見て取れる。ただ、内容的に見てこれらの輝かしい、「耳をくすぐる」作品は、主に円熟期の、これ見よがしなところのない他のピアノ作品ほど多くのことをわれわれにけっして与えてくれない。形式的、技術的に見て前者もまた完璧であり、もっと規模が大きく、内容的にもっと重要な作品と比べて、しばしばより完璧なことさえあるにせよ、そうなのだ。たとえばラプソディのような編曲作品において、彼が内面のもっとも深いところにある自己をすっかりさらけ出す機会をあまり持てなかったのは、作品の性格ゆえのことだろう。当初はこれら編曲作品が、聴衆たちのお気に入りだった。リスト独自の作品にいかにより多くの価値が隠されているのか、深い信念を持った人々が、幾度繰り返して示しても不十分だったことは、驚くのにあたらない。とはいえ、公平さのために強調しておかなくてはなるまい。これらのラプソディは——何よりもまず『ハンガリアン・ラプソディ集』は——この種のものとしては完璧な作品なのだ。これらの曲で用いられている素材を、リストより上手に、より美しく、より巧みに編曲することは誰にもできないだろう。

当の音楽的素材が必ずしも常に価値を持つものではないという話は、またもや別の文脈に属する。ただ、一般にこれらの作品があまり重要ではないのに、かえって人気が高いことの原因の一つは、明らかにこの素材の問題にも帰せられよう。

さて、ここから二番目の問題に移ろう。それは、リストの音楽が音楽芸術のさらなる発展に一体どのような影響を与えたか、という問題である。

私はかつてどこかで「音楽史の展開から見たリストの重要性はヴァーグナーのそれにまさるように感じる」(2)(1)と書いた。今もなお、私はこの立場を取る。もちろんそう言うことで、リストがヴァーグナーより偉大な作曲家だったなどと主張したいのではない。というのもむしろヴァーグナーの作品において、より高度な形式上の完全性、より豊かな表情の濃淡、より見事な様式上の統一性を見出せるからである。しかしそれでも——後につづく世代に対して、リストの作品はヴァーグナーのそれより、生産的な影響をもたらした。ヴァーグナーの模倣者の大群に惑わされてはならない。ヴァーグナーは全体に関しても部分に関しても、自らに課せられた問題をすべて解決してしまった。そのために、人は彼をほとんど奴隷同然の流儀で模倣することはできても、さらなる発展のための刺激を彼から得ることはほとんどできなかったのだ。というのもあらゆる模倣は、生産性のない、不毛な事柄に過ぎないからである。これに対してリストは、あれだけ多くの新しい可能性を作品の中で示しながら、彼自身はその可能性を極限まで突き詰めなかった。そのためにわれわれはヴァーグナーとは比べようもないほど多くの刺激を彼から得られたのだ。

リストの作品が彼以降の作曲家に与えた影響をいくつかの例から考えてみよう。リヒャルト・シュトラウスの若い頃の、かなり味気のない諸作品は、うわべこそブラームス風であるとはいえ、ブラームスの発想の豊かさを欠いていた。彼の場合、進展が見られるのは部分的にはヴァーグナー、主にはリストの影響によって、ほとんど唐突な仕方で交響詩を書くようになってからのことなのだ。一方、リストのある種の作品、たとえば『巡礼の年』や『詩的で宗教的な調べ』に収められたいくつかの曲と、新しいフランス音楽の二人の卓越した作曲家であるドビュッシーとラヴェルのいくつかの作品との間には、驚くほどの類似性が見出せる。確信を持って言えるのは、リストの『エステ荘の噴水』やこれに類するほかの彼の作品なしに、今ふれた二人のフランス人作曲家による同様な雰囲気の作品は生まれえなかっただろうということである。新しいハンガリー音楽の多くの作品においても、リストの遺産の痕跡はかなりはっきりと感じ取れよう。さらに、われわれのうちの誰にもまして、まれにしかリストの引力圏から出なかった作曲家が一人いる。リストの音楽上の業績をもっとも熱心に紹介したこの伝道者こそはフェッルッチョ・ブゾーニ、リストの伝統の最大の継承者である。

ブゾーニほどの芸術家があれほど公然とリストから出発し、ひとえに彼の作品にならいつつ、新しい道を追い求めた事実は注目に値しよう。たとえ彼が自身の望む芸術的完全性や満足のいく成果に全く、ないしごくわずかな作品においてしか到達できなかったとしてもである。ブゾーニの作品には、表現の手法、構成の仕方のみならず、うわべの技巧においてさえも、圧倒的なまでのリストの影響が見出せる。さらに言えば、芸術家としてのふるまい方においても、彼は多くの点で自身の精神上の師匠を思い起こさせるのである。ブゾーニもまた、リストと同様、世界中をめぐり歩き、いわば国際《インターナショナル》的とも言える活動を展開した。そしてちょうどリストと同じく、ブゾーニは音楽生活上のありとあらゆる新しい現象に絶えず注意を向けた。リスト生誕百周年〔正しくは没後五〇周年〕にあたる今こそ、われわれはこの偉大な芸術家の全仕事を思い起こさなくてはならない。なかんずくリストの音楽のうちでも長い間全く誤解され、無視されていた諸作品を、音楽における共有財産へと次第に高めていったことに関する彼の仕事を、われわれは感謝とともに思い起こさなくてはならないだろう。

三番目の問題はジプシー音楽について書かれたリストの有名な本にかかわる。(3)

今日われわれの誰もがすでに知っているように、この本における彼の件《くだん》の発言、すなわち「ハンガリーにおいてジプシー音楽家たちが演奏しているもの、さらにはハンガリー農民の音楽そのものもまた、ジプシーに起源を持っている」という、あの発言は全くの間違いである。それがハンガリー人に起源を持つことを、われわれの誰もが、疑う余地のないたしかな証拠から知っている。同じことをさらに証明しようと一言でも言葉を費やすのは無駄と言える。ただ、この件についてどのくらいわれわれはリスト・フェレンツの間違いを責められるのか、検証しなくてはならない。

私はリスト自身には部分的な責任しか負わせられないように思う。というのもいわゆるジプシー音楽の全問題はじつのところ、伝承音楽研究の領域に属することだからである。

組織だった学問分野としての伝承音楽研究は当時まだ存在していなかった。関連の問題を検証するには、科学的方法にのっとりつつ、できる限り多くの経験的事実を積み重ねていくという、骨の折れる作業が必要なことに、考えが及ぶ者はまだ誰もいなかったのである。この問題をいくらかでもはっきりと理解するのに必要ないかなる条件も、リスト・フェレンツの時代やリスト・フェレンツその人からは欠落していた。というのも当時、民俗芸術に対する人々の考え方は全く幼稚だったか、あるいは全く誤っていたからである。民俗的な芸術現象のあり方が、原初的な状態においては共同体的だったことに誰もまだ気づいていなかったし、誰も民俗的な芸術の社会的役割を気に留めていなかった。相互的影響の生じ方、その可能性や重要性も当時は全く知られていなかった。リスト・フェレンツほどの人でさえ、伝承音楽研究のいかなる問題にも通じていなかった理由は、まさにそこにある。いわゆる「ジプシー音楽」の由来の問題のように、特に込み入った細部の問題について彼が理解できなかったのはなおさらのことなのだ。

もちろん、彼が数十年にもわたって自ら資料収集を行い、国中を渡り歩き、ハンガリーの村人たちの音楽を忍耐強く調べたならば、その仕事の帰結として、明らかに別の結論が出てきただろう。しかしどうして彼にそんな仕事が引き受けられただろうか？　というのもその時には代償として、多くのほかの、もしかするともっと重要な仕事、あるいは少なくとも当時、もっと重要に見えた仕事を諦めなくてはならなかったはずなのだから。そし

て実際にも、彼がそのような作業を行おうとも考えていなかったことを、彼の本のいくつかの箇所は示しているのだ。(4)

古典的な単純さをそなえた農民音楽の旋律に(そもそもそうしたもののうちでもっとも美しい種類を、リストが聴いていたとすれば)彼が興味を持っていなかったことも明らかになる。ただ、これについてはまたもや、一九世紀という時代を責めなくてはならない。他の同時代人と同様、リスト・フェレンツを魅惑したのは、一切飾りけのない、客観的な単純さではなく、ひらひらした房飾り、華麗さ、魅惑的な唐草模様だった。華麗で込み入った、ジプシー楽団によるラプソディ風の演奏を彼が農民たちの歌にはるかにまさるものとして位置づけたのも、このような事情による。

これらすべてのほかに、われわれは自分たち自身、より正確には自身の祖父たちの責任も問わねばならないだろう。

というのは出発点そのもの、つまり音楽ジャンルの名称自体がすでに全く間違っていたからである。誰がこの音楽を「ジプシー音楽」と名づけたのだろうか? われわれ自身である。

ジプシー音楽にかかわる問題の詳細に通じていない外国人は誰しも、われわれの父や祖父がリストの本に腹を立てたことを聞いて、目を丸くするだろう。ハンガリー人たちが「ジプシー音楽」と呼んでいるものを本当にジプシーの音楽であると本の中で述べたことに対して、腹を立てたというのだから。しかしながら一層奇妙なのは、当時、これほど世間の耳目を集めた一件ですら、いかにこの名称が滑稽なまでに不適切なものであるのか、ハンガリー人たちをして考えさせなかったことである。当時も今も、誰も考えついてはいないものの、この音楽ジャンルを指し示す、もっと誤解を招きにくい他の名称を見つけた方が多分、賢明なのだろう。

リストは明らかに、「ジプシー音楽」という名称をもとに、自分が扱う音楽はジプシーに由来を持つという前提から考察を始めた。この問題について彼はほかにどのようなことを知りえただろうか? ハンガリーの紳士たちのために、いずこにおいてもジプシーだけが演奏しているのを見聞きできるだろう。それも音楽的に見て、驚くべき出来栄えで。彼らのプログラムのうち、芸術音楽に由来を持つものに関しては、もしかすると大部分が出版されていなかった可能性がある。つまりプログラムの芸術音楽に由来する部分に関してリストは客観的な証拠を持ち合わせていなかったか、骨の折れる調査を通じてのみ、そうした情報を得られたはずなのである。――この頃のわが国のジプシー楽団は今日よりずっと良質なレパートリーを持ち、今日よりはるかに見事に演奏していたと考えられる。また彼らのプログラムに民俗的な由来を持つ要素が比較的多く含まれていたことも、大いにありえよう。最後の点については、真実に至る手がかりを摑むのに、リストは村落で農民たちにじかに向き合い、徹底的に現地調査を行いさえすればよかった。しかしながらハンガリー語の知識が不十分だったために、この彼が作業をハンガリー紳士の友人を介してしか行えなかったのは明白である。ところが地方のハンガリー紳士がこうした事柄に関して、仲介役としてもっともふさわしくないことを、われわれは経験から知っている。というのも採集旅行の際にわれわれは何度となく村の書記官や教師、保安官の口から以下のような発言を聞かされたからである。「いいですか、この農民どもは何もわかっちゃおりません。かりに何か知っていたとしても、それが何だと言うのでしょう。そんなものにちょっとでも骨を折るほどの価値はございません。」

『エトノグラーフィア』誌一九三三年第一／二号を引き合いに出すこともできる（四四頁）。わが国のある若い採集者が、以下のような不満を述べているのだ。「それ（ボルショド県のある地域における採集）は当地の紳士階級と行政のしっかりとした支援があってはじめて実現できただろう。しかしながら役所の人々の冷淡なまでの無関心と拒絶的な態度がすべてを台無しにし、筆者は活動の重心を県内の別の地域へと移すことを余儀なくされた。」最後にあげられるのは、部分的には新聞紙上でも繰り広げられた、ここ数年の騒動である。そこでは紳士階級のマジャル・ノータ〔2〕の信奉者たちが――残念ながら今もなお紳士たちの間では、そうした人々が多数派なのだが――村の音楽をできるかぎり貶めようとしていた。(5) はっきりと言わせてもらえば、セーケイ地方（現ルーマニア領トランシルヴァニア地方北部）の諸県を例外として、ハンガリーの田舎ほど、紳士たちが農民の音楽に無関心で、さらに言えば侮蔑的な態度をとる場所を見たことはない。理由がどこにあるのか、それをつきとめるのは私の課題ではない。ただ、こうした反感がわが国において二〇世紀初めに突然生まれたものではなく、ずっと以前からあったことはたしかだろう。経験は足りないものの、調べる意欲のある人間が、もしこのような敵意に満ちた、最良の場合でも無関心なガイドを水先案内人に得たならば、結果はどのようでありえたか、もはや想像はつくはずである。リストが聴いた歌い手たちは、明らかに紳士たちの屋敷に呼び出された人々だった。紳士たちは彼らに命令して、歌わせようとしたのだ。民俗音楽の調査にとってこれ以上にふさわしくない状況を思い描くことはできないだろう。これよりずっと良い環境だったにせよ、私自身の採集の中でも、農民たちがはじめに、紳士たちの好むマジャル・ノータを歌おうとしたことが幾度もあった。私はずいぶん骨を折って、自分が彼らから全く別のものを望んでいること、つまり紳士たちが軽蔑し、非難していると彼らが経験から知っていたか、本能的に感じ取っていたレパートリーを望んでいることをわからせたものである。これよりずっと悪い状況にあったリストが、紳士階級から農民たちがかろうじて学び取った価値のない代物や、せいぜいのところ「おいらは耕したい」のようなマジャル・ノータ以外に、一体何を聴けただろうか。

もう一度言おう。誤った結論を下したことに関して、われわれはリスト・フェレンツを、部分的にしか責められない。彼が目にしたり、耳にしたりできたものから、彼の本にあること以外の結論を導き出すのはほとんど不可能だったはずだからである。[6] それどころか、違っていたとはいえ、正直に意見を述べた勇気は敬意に値する。というのもその発言によって、自身を敵視する機運が祖国において高まることを彼は知っていたはずだからである。むしろその分だけ、われわれは自分たち自身を責めなくてはならない。真実に至る道が手を伸ばせば届くところに、つまり自国の村々にあったにもかかわらず、われわれはリストをそこに導くことができなかったか、そうしようともしなかったか、少なくともそうする機会を逃してしまったからである。

最後の問題、すなわちどのような根拠からリスト・フェレンツをハンガリー人とみなしうるか、という点については少しだけふれるのにとどめたい。先に言っておかなくてはならないが、芸術的・美的な観点からすれば、この問題は全くどうでもよいことでしかない。というのはいかなる出自であろうとも、真に偉大なものを創りえた者に対しては全世界のどこからも等しく敬意が払われてしかるべきだからである。この問題の重要性はひとえに感情的、歴史的、あるいは政治的観点のみにかかわるものなのだ。

人種的観点からリスト・フェレンツの出自を調べても、それほどの成果は得られない。母親はオーストリアのドイツ人だった。父親の家系がハンガリー系だったのか、ドイツ系だったのか、もしかするとスラヴ系だったのかは書面上、解明できそうにない。とはいえこの問題についてあれこれ考えることはそもそも重要ではない。西欧の大きな民族の偉人たちの場合ですら、人種的には外国の出身であることがしばしばだからである。われわれの住む東欧の場合ならばなおさらだろう、ヨーロッパのほかの場所ではありえないほど、人種が入り混じっているのだから！　リスト・フェレンツは当時のハンガリー領において、つまりいずれにしてもハンガリー国民として生まれた。この変えようがない事実を出発点としよう。

われわれの論敵たちは好んで、リスト・フェレンツがハンガリー語もできなかったことにふれる。しかしながら彼らは、当時のハンガリーの特殊な状況を考慮していない。その頃はセーチェーニ・イシュトヴァーン〔István Széchenyi, 一七九一―一八六〇。ハンガリーの政治家〕ほどの人物すらドイツ語やフランス語で日記を書いていたのであり、エトヴェシュ・ヨージェフ〔József Eötvös, 一八一三―七一。ハンガリーの作家・政治家〕も思春期になってようやくハンガリー語を学んだのだ。――リストの母語はドイツ語だった。というのも彼の母親は若い頃、明らかにドイツ語しかできなかったからである。もしリスト・フェレンツが生涯の前半にハンガリーに残り、仕事をすることができていたならば、疑いなく彼もまたエトヴェシュ・ヨージェフと同様、ハンガリー語を習得できていただろう。しかし当時としては、そのようなことは問題外だったはずである。彼はパリに赴いた。そしてフランス語が彼の第二の母語になった。それどころか――ここが非常に重要であり、特徴的なのだが——彼はドイツ語よりフランス語をより巧みに話すようになり、後者を使うことを好むようになるのだ。著作もフランス語で書いている。したがって語学の知識を基準にするならば、彼をフランス人と見なさなくてはならないが、もちろん、そのように考える者は誰もいない。というのもパリで過ごした若者時代をのぞけば、彼は文化の点から見てフランスという国とあまりかかわりを持たなかったからである。

人生の中頃の時期に、リストはドイツのヴァイマールで長く活躍した。しかし、それはいかなる理由からだっただろうか。単純に、新しい音楽の宣伝活動をするのに、当時の彼はそこでしかチャンスを得られなかったからである。では作品の様式はどうか。これについてはどのようにも言えるが、ただ、ドイツ的とだけは言えない。一九世紀のドイツの大作曲家たちの作品を特徴づける、あの過度に込み入った重苦しさのまさに対極にあるもの、むしろフランス的とさえ言えるような透明感や明晰さが、リストの作品のどこをとっても聴き取れるからである。はっきりしているのは、もしリストがハンガリー人ではないと強弁するならば、彼を根無し草のコスモポリタンとみなさなくてはならなくなるということだ。ところが、この問題に答えるのにもっともふさわしい人物、つまりリスト自身は何と言っているのか。

よく知られるように、ハンガリーが幸福なときも不幸なときも、リストは一貫して自身をハンガリー人だと主張した(7)。リストほどの偉大な芸術家になれば、世界はこの種の意向を受け入れなくてはならないし、反駁してはならないだろう。それも反駁するだけの客観的な証拠がないのだから、なおさらである。リストは自身をハンガリー人と呼んだ。ハンガリー人であれ非ハンガリー人であれ、誰もがひとしくそのことを認め、それでよしとするべきなのだ。

ところが……わが国の音楽生活において重要な役目を担うあの権威ある人々は、リストの時代以来、ハンガリー音楽に生じたすべての新しい価値ある事柄に敵対し、それらをこれ以上ないほど頑迷に否定してきた。能力の及ぶかぎり、リスト的伝統の真の継承者たらんと願う者にとって、彼らは障碍物にほかならなかった。作曲するときも文章をものするときも、彼らは芸術家リストの原則を常に、最大限に愚弄してきた。そしてそれにもかかわらず、彼らはパリサイ人のごとく祝いの列に加わり、かの芸術家を記念しようとする。もしかの芸術家の全人生、全業績、全行動が彼らのものと正反対だったにもかかわらず。もしリストの名を口にする資格がない者がいるとすれば、それは彼らである。ましてや彼らには、リストのハンガリー性にふれたり、それについて吹聴したりする資格はないはずである！

原注

（1）*Népművelés*（『民衆教育』）, VI. évf. 17–18. sz., Budapest, 1911.

（2）*Musikblätter des Anbruch*（『音楽雑誌アンブルッフ』）, Jg. III (5), S. 88. ドイツ語の誤りについては Jg. III (7) も参照すること。

（3）F. Liszt, *Des Bohémiens et de leur musique en Hongrie*, Leipzig, 1881.

（4）先ほど言及した本のハンガリー語訳四三九〜四四〇頁より、以下の文章を引用できる。「ハンガリー人の民謡や民俗的な旋律は村で聞ける。それは先にふれた楽器（横笛、角笛、ターロガトー、葦笛、バグパイプ）で演奏されるが、あまりにも単純、あまりにも不完全であり、決して人を驚嘆させるほどのものではない。それゆえに世界中で気に入られるようなことはないだろう。ましてや他の、高い価値を認められた叙情的な音楽作品と対等と見なされるなどということもないはずだ。
　これとは対照的に、ジプシーたちによって演奏される器楽は、いかなる他の音楽ともわたり合えるのだ……」

「それ（ハンガリーの村の器楽）は、ジプシーたちの演奏する音楽と明らかに似ており、区別できないほどである。もしそれが――非常に拙い演奏の流儀から解き放たれて――ジプシーたちの楽器によってふさわしい色合いを得られたならば。ジプシーたちの手にかかり、ジプシー芸術家の演奏と、その装飾豊かな技（ce luxe d'rnamentation）により、それはより美しくなり、輝きを増す……彼らの手にかかれば、一つ一つの動機において、虹のすべての色が輝きを放つのだ。」

（5）たとえば *Rádió Ujság*（『ラジオ新聞』）, IX. évf. 24. sz.（1933. jún. 9.）所収の記事を参照せよ。――もちろん、この雑誌には科学的、ないし芸術的な観点での重要性は全くない。ただ、ほとんど一〇万人に近いこの雑誌の購読者層の平均的な見方がそこに現れているということは事情から見て大いにありそうなことであり、そのことが、そこでの発言に絶望的なまでの重みを与えている。

（6）本の執筆、ないしハンガリー音楽に関する否定的な意見の記述にはリストの当時の伴侶であるヴィトゲンシュタイン侯爵夫人も関わっているという噂は、検討にも値しない。

（7）数え切れないこうした趣旨の発言の中から一つだけ、彼がプローナイ・ガーボル男爵に宛てた書簡で、*Pesti Napló*（『ペシュティ・ナプロー』）紙上に一八六二年一一月、ハンガリー語訳で公開されたものにふれておこう。手紙の文面については以下を参照すること。*Akadémiai Értesítő*（『アカデミー通信』）, XLV. kötet (Berzeviczy Albert ig. és elnök beszédei, 303. lap), Budapest, 1935.

訳注

〔1〕これに関する記述は「自伝」（本書所収）にある。

〔2〕ハンガリーの民俗調芸術歌曲。詳しくは「ブダペストでの講演」の「民俗音楽とは何か？」（本書所収）を参照せよ。

コダーイ・ゾルターン

今年度の演奏会シーズンにおけるもっとも重要な初演は、フィルハーモニー協会によって一月一〇日夕に行われた、コダーイ・ゾルターンの『二つの歌曲』(作品五)の初演だった。日刊紙の大半(『ペシュティ・ヒールラップ』『ブダペシュティ・ヒールラップ』『ペシュティ・ナプロー』『ウーイシャーグ』『マジャルシャーグ』)は、コダーイの芸術を極めて否定的に批判することで、この出来事を「評価」した。彼の人格まで攻撃する新聞もあった(『マジャルオルサーグ』)。

この組織的なキャンペーンを、私は黙って見過ごせない。

一部の音楽関係者はこのところ、好んで私とコダーイ・ゾルターンとを対比させている。彼らはあたかもコダーイが自身の成功のためにわれわれの友人関係を利用したかのように描きたがっている。これはこの上なく失礼な作り話だ。

というのもコダーイは今日のもっとも優れた作曲家の一人だからである。彼の芸術は私のそれと同様、ハンガリーの農民音楽と新しいフランス音楽の二つに根を持つ。ただ、共通の土壌から生まれたにせよ、われわれ二人の音楽はごく最初の段階からすでに互いに全く異なっていた(悪意や無知によってしか人はコダーイを「模倣者」と見なせないだろう)。彼を攻撃する人々の中には、彼の音楽が私のものと比べて力強さに欠け、独創性に乏しい、などと叱る者もいる。われわれ二人の間に見られる様式上・内容上の相違につて正確に書き記すのは、私の課題ではない。たしかに、コダーイの音楽はさほど「攻撃的」ではないかもしれないし、形式に関して、様々な伝統からさほど離れてはいないかもしれない。またそれは「抑制なき饒舌」というよりは、むしろ落ち着いた瞑想を表現しているかもしれない。しかし、まさにこうした本質的な違いが、彼の音楽においては全く新しい、全く独創的な音楽的思考となって現れるのであり、それこそが音楽を通じて彼が言わんとすることをあれほどまでに尊いものへと高めているのだ。『弦楽三重奏曲』や『無伴奏チェロ・ソナタ』、管弦楽の伴奏による『二つの歌曲』のような、新たな傑作を生み出せる作曲家は今日——わが国は言うに及ばず——ごくわずかしかいない。それなのにわが国のある種の人々はこれらハンガリーの土地の宝を——どんなあさましい魂胆からなのか、見当もつかないが——泥の中にうずめようとしている。アディの詩「泣く、泣く、泣く」にコダーイがつけた音楽に心から感動できないとすれば、その人は耳が聞こえないか、無感動な木偶か、あるいは悪意にとらわれているかだろう。

以上がコダーイの音楽についての私、つまりコダーイを攻撃する人々が最近、「ハンガリーのもっとも偉大な作曲家」とほめそやすようになった者の意見である。なるほど、私はこうした問題にあまり通じておらず、彼らだけがそれに通じているのかもしれない。しかしそれならば、どうして私がそれでも「偉大な」作曲家でありうるのだろう？　明らかにこれらの人々はどこかで、深刻な誤りをおかしているのだ（いずれにせよ、彼らが私の格付けを下げたところで、私はそれをよろこんで受け入れるつもりだ）。

幸いコダーイの「問題」はわが国ではなく、外国で決着がつくだろう。これまで埋もれていたコダーイの作品が近い将来、ウィーンの出版社から立て続けに出版されるからである。やがてわれわれはそれらの作品についての外国の意見を聞くことになる。そのとき、あの独特な現象がまたもや繰り返されるはずだ。ついこの間、他の「問題」に関連して立ち会えた、あの現象である。先だってまで口角泡を飛ばして叱責していたお歴々がおとなしい羊に、さらには──あきれたことに──熱狂的な信者に変わっていくのだ。

私が「友人のひいき目」で語っている、という非難がましい声も聞こえてくる。しかし、ここでまたもや、人々は順番を間違えているのだ。私は自分の友人だからコダーイを最良のハンガリーの音楽家と見なすのではない。（人としての素晴らしい資質はともかくとして）最良のハンガリーの音楽家だから、彼は私の唯一人の友人になったのだ。この友情からより多くの恩恵を受けたのは私であり、コダーイではない。そのこともまた、彼の素晴らしい能力と控えめな、利己心のない性格を証明している。諍いに事欠かない私の経歴の中で、彼は常に勇敢に、公然と私を支持し、私の成功のためならば労力を惜しまなかった。

いくつもの作品の最終的な、当初の案より完成度の高いヴァージョンを作成する際も、私は彼の目をみはるほど速く、的確な判断力に負うところが大きかった。それにつけても、この「取るに足らない人物（quantité négligeable）」が――今、人々はコダーイをそのように描きたがっているのだが――その教育的能力によって、「ハンガリーのもっとも偉大な作曲家」にこれだけ大きな影響力を行使できるというのは、奇妙な話である。明らかにわが国の音楽官僚たちは、この比類なく確かな眼力の持ち主〔コダーイ〕をふさわしいポストから追い出すことで、彼が音楽学校で学ぶ若い作曲家たちを指導するのを妨げようとしている。だが、ほかの誰に期待できるだろう？　コダーイこそハンガリー最大の作曲の教師だというのに！

ハンガリーの民俗音楽研究がどれだけ彼に負っているかは、当該分野の専門家たちがよく知っている。探究心、粘り強さ、堅実さ、知識の深さ、そして洞察力によって、コダーイはハンガリー農民音楽を隅々から知るただ一人の人材となった。この領域で彼と肩を並べられる者は一人もいない。

ハンガリー文化がこれだけ多くのことを負っている人物を、官僚や「批評家」たちはいたるところで攻撃する。彼らはコダーイがわが国の文化のために落ち着いて仕事をするのを何が何でも妨害しようとし、実際にも妨害している。[1]その一方で彼ら才能のない、怠惰で、とるに足らない人々は、ハンガリーの文化的優越性の大切さについて声高に主張するのである。

この点を私は言いたかったのだ……

訳注

〔1〕戦間期のハンガリーでは領土回復を目指すナショナリズム運動の文脈において、隣接諸民族に対する「ハンガリーの文化的優越性」がしばしば唱えられた。

ドビュッシーについて〔1〕

ドビュッシーは今日におけるもっとも偉大な作曲家でした。

多くの人は〔リヒャルト・〕シュトラウスをもっとも偉大な作曲家とみなすかもしれませんが、私の意見ではドビュッシーは『サロメ』の作曲家よりはるかに高いところにいます。というのも前者の音楽は後者のそれよりずっと新しいからです。シュトラウスは実際のところ、ヴァーグナーとリストが開拓した方向をただ先に進んだのにすぎません。ところがドビュッシーはキャリアの中でそれまで知られていなかった道を歩み、新しい芸術の可能性を開拓しました。彼の音楽は単純に俗っぽいところにおいてすら、決して浅薄にはなりません。一方シュトラウスの場合、まさにそうした箇所が新しく、大胆な楽想が展開していくのを妨げてしまうのです。そして最後に、ドビュッシーが晩年の作品においてすら新しいものをもたらしえたのとは対照的に、シュトラウスの芸術が『サロメ』と『エレクトラ』以降はっきりと、大きく後退してしまったことがあります。

いかに意識的な決断とともに伝統を乗り越えたとしても、そして彼の登場以前の作品に比してその音楽がいかに新しかったとしても、ドビュッシーは全く厳格に調性を保とうとしました。もちろん、彼は非和声音をはるかに自由に、準備も解決もなしに用いました。それだからこそ、かつてリヒャルト・シュトラウスは——伝え聞くところによると——ドビュッシーの音楽についてこう述べたのです。「この新しいフランス音楽は実に風変わりです。何しろどの和音にも一つずつ、そこに属さないはずの音が含まれているのですから。」

われわれハンガリー人にとってとりわけ興味深いのは、ドビュッシーの旋律法に東ヨーロッパの民俗音楽の影響が見出せる点です。古いハンガリーの、主にセーケイ地方の民謡にも見られるような、五音音階風の語法がそこには見て取れます。

彼の作品について言えば、疑いなく『ペレアスとメリザンド』がもっとも卓越しています。残念ながら今日までブダペストでは上演されていませんが、この作品は朗唱法の点でヴァーグナー式のやり方と袂を分かち、かわりに独特なレチタティーヴォ風の朗唱法を採用したことで知られています。ドビュッシーは昔のフランスの作曲家達に倣ってこの朗唱法にたどり着きましたが、それはパルランドによるハンガリー民謡の朗唱法と遠い類縁関係にあります。管弦楽作品については『海』、『夜想曲』、および『牧神の午後への前奏曲』をあげておきましょう。ピアノ作品ではまず『ピアノのために』が一九〇一年に出ています。和声がより大胆な『映像』（一九〇八年〔正しくは第一集が一九〇五年、第二集が一九〇八年に出版〕）、および『版画』は大きな進歩を示しています。とはいえ、もっとも重要なのは多分、一九一二年〔正しくは一九一〇年〕から一三年にかけて出版された『前奏曲集』でしょう。最後のピアノ作品、二巻からなる『練習曲集』はすでに戦時中となった一九一五年〔正しくは一九一六年〕に出ていますが、『前奏曲集』ほどの新鮮さはありません。室内楽作品の中ではト短調の弦楽四重奏曲、歌曲の中では『ビリティスの歌』と『フランスの〔三つの〕歌』がもっともすぐれているように私には思えます。

ドビュッシーは外国においてもわが国においても、良い意味での影響を若い音楽家たちに与えました。こうした影響もまた彼の重要性を、疑う余地もないほど明瞭に示しています。たしかに、この種の影響やいわゆる「ドビュッシー主義」一般が今後も残っていくのかどうか、そしてそこにさらなる発展の余地があるのかどうか、予言することはできません。ただ、もしかするとそのことはあまり重要ではないのかもしれません。一つ確実なのは、真に偉大な価値を与えられているがゆえに、彼の作品は輝きを失わないだろう、ということです。ちょうどそれは、重要な継承者がいなかったにもかかわらず、ショパンの音楽が滅び去らなかったのと同じことなのです。

訳注

〔1〕この文章はバルトーク自身の談話をもとに、インタヴュアーのクリニ・エルネーによって作成されたものである。

ラヴェルについて

政治的にも文化的にも、ハンガリーは数世紀にわたり、ドイツが近接していることに悩まされてきた。この事実は無視するわけにはいかないだろう。ただ、わが国の知的エリートはいつもこの不公平な状況に抗して、ハンガリー的気風にとってはラテン精神の方が——何よりもまずフランス精神の方が——ゲルマン精神よりはるかに近しいと考えてきた。だからこそ彼らはフランス文化を自分たちの気質にもっとも適合するものと見なし、常にそれに関心を向けてきたのである。

それでも音楽の領域において、この傾向がドイツの絶対的ヘゲモニーと衝突関係にあったのは明白であり、そのこと自体は全くもって理解できる。というのもドイツ音楽は一九世紀終わりまで三世紀にわたり、君臨し続けたからである。ところが転機が訪れる。ドビュッシーが現れ、フランス音楽のヘゲモニーがドイツのそれに取って代わったのだ。

私自身も含め、今世紀初頭の若いハンガリーの音楽家たちは、すでにほかのさまざまな領域においてフランス文化に関心を向けていた。彼らにとってドビュッシーの出現が持っていた意味を想像するのは容易だろう。この芸術上の啓示によって、彼らはようやくフランスの音楽文化にも同様の関心を向けるようになったのだ。そしてわれわれがモーリス・ラヴェルの音楽を知った時、状況ははるかに確固たるものとなり、十全な意義を持つに至った。実際のところ、そこではもはや孤立した、偶然の出来事が問題になっているのではなかった。ドビュッシーの音楽とラヴェルの音楽はいずれも非常に重要でありながら、互いに共通したところと相違したところを持っていた。これらの音楽が同時に存在することが、今世紀の最初の三分の一の期間において、フランス音楽の卓越した地位を明確に保証していたのだ。——孤高の天才の出現は、どれほど重要なものであっても、ある国民音楽が置かれた状況についてあまり説得力をもって伝えてくれない。人はそれを偶然の産物と見なしうるだろう。二つの類似した事例のめぐり合わせはより決定的であり、人はいずれにしてもそこから、一国の雰囲気が生み出す現象の結晶化のたぐいに自分たちが立ち会っていることを結論づけるのだ。

そしてこの点ゆえに、われわれハンガリー人にとってラヴェルの天才はドビュッシーのそれと並ぶくらい、大きな意味を持つのである。

ハンガリーにおけるアーノルト・シェーンベルクの音楽

私の生徒の一人が、一九一二年にウィーンから、当時未出版だったシェーンベルクの『三つのピアノ小品』(作品一一)の楽譜の写しを持って帰ってくれた。これが、私が初めてシェーンベルクの作品として知ることのできたものだった。私の記憶では、ブダペストではこの頃まで、シェーンベルクの作品はほとんど知られていなかったし、彼の名前すらほとんどの音楽家にとっては見知らぬものだったと思う。しかし、この時期以降、何人かの若い(まだほとんど学校も終えていないような年齢の)音楽家たちが、大変な情熱をもって、シェーンベルクの作品の研究に打ち込むようになっていった。シェーンベルクの作品では、調性原理が止揚された結果、新しい技法と表現の可能性が現れることになるのだが、こういった可能性が、すでに似たようなものを目指して努力していたハンガリーの若い作曲家に、あるいは成熟した作曲家たちにすら、多かれ少なかれ影響を及ぼしたとしても不思議ではない。「影響」という言葉を、私はここではもっとも良い意味において用いている。それは盲目的な模倣というような意味で理解されてはならない。私がこの言葉で意味しているのは、ストラヴィンスキーの(一九一三年頃以降、つまり『夜鳴き鶯《ロシニョール》』以降の）創作において認められるようなあり方のことである。彼はシェーンベルクの影響を受けても、もともとの個性をいささかも失わなかった。逆に彼はそれをいわばより奔放に開花させたのだ。そしてシェーンベルクによって示された方向を、似たような方向にではあるが、別の道をたどって、さらに先まで推し進めたのである。

ハンガリーの若い音楽家たちが、シェーンベルクの創作にあれほど強い関心を寄せたのとは対照的に、ハンガリーの聴衆はシェーンベルクの作品を今日に至るまで受け付けないままである。恥ずべきことにブダペストでは、シェーンベルクの作品は全く演奏されていない。唯一の例外として、一九一七年一二月に行われた雑誌『今日（*Ma*）』主催の演奏会において、作品一一の第二曲が演奏されたことがあるだけである。

ここで上首尾とは言えないままに終わったささやかな試みを二例だけあげておきたい。一九一二年に前衛的傾向を持つ団体、新ハンガリー音楽協会が若い音楽家たちによって組織された。この団体の最初の年（それは最後の年でもあったのだが）、主催演奏会の一つではシェーンベルクの作品一一がブゾーニによって演奏され、また別の演奏会では声楽つき弦楽四重奏曲〔第二番〕が演奏されるはずだった。ところがこのうち前者は、理由はよくわからないがブゾーニが突然演奏を降りたために、後者は経済的な理由で中止になった。これほど小さな編成の作品さえ演奏できなかったのだから、オーケストラ作品の上演など一度として考えられもしなかったのは無理もなかろう。近年エジスト・タンゴ〔Egisto

Tango. 一八七三―一九五二）が音楽監督になったことでオペラ劇場において重大な飛躍が見られるようになり、ストラヴィンスキーの『春の祭典』やドビュッシーの『ペレアス〔とメリザンド〕』のような作品の上演が計画されている。そのようなわけで、シェーンベルクの舞台作品の上演もいずれ期待できるようになってきた。

　過去の事情は以上の通りだが、未来についてわれわれは何を期待できるだろうか？　事態が改善する見通しはほとんどない。室内楽作品や歌曲の上演については、全く希望がないわけではないが、ずっと重要なオーケストラ作品の上演については、今のところその予定がない。独立したオーケストラ協会の設立という計画（それはわれわれ真摯な音楽家たちすべての望みなのだが）は、経済的に好況であった時期にも、いつも政治的に影響力のある人たちによって潰されてきた。まして戦後のわれわれの状況では、こういった計画が実行に移されることはありえない。オーケストラはわれわれの緊急の課題である。オペラ劇場では、十回のオーケストラ・コンサートのそれぞれについて、四回の練習しか保証されていない。このような短時間の練習では、よほど単純な曲であっても、新作の上演はほとんど不可能だろう。そして国立オペラ劇場さえ、一九一九年九月以来、困難な課題に立ち向かえるような指揮者を一人も持っていないのである。[1]

　シェーンベルクの管弦楽作品を読譜によってだけではなく、耳によっても知ることを、ハンガリーの真摯な音楽家たちがほとんど諦めねばならないとすれば、そのことがどれほど大きな損失であるかは容易に想像できるだろう。

訳注

〔1〕一九一九年九月というのは、本文にも触れられているエジスト・タンゴが、ブダペストの国立歌劇場の指揮者を辞めたことを指している。

新音楽の問題

われわれの時代の音楽は、無調の方向に決定的に向かっている。だが、調的な原理と無調の原理とが、完全な対立物であるとは私には思えない。後者はむしろ、調的なものの継続的な発展の帰結であり、そこには漸進的な変化があるのであって、断絶や暴力的な跳躍などはないはずである。すでにシェーンベルクが『和声学』において確認しているように、ソナタ形式の「展開部」は、ある観点から見れば、すでに無調の原理の萌芽であると捉えることができる。彼の考えは次のようなものだ。「展開部」では、二つの調性（「提示部」の場合）、ないし一つの調性（「再現部」の場合）の専制が無効になり、そのかわりにある程度自由に選ばれた様々な調性が並列されていく。このそれぞれの調は、ほんの束の間のものであれ、やはり調性として感じ取れるものになっている。他の言い方をするなら、「展開部」では、十二の調性がいわば等しい権利を主張しているのだ。

ベートーヴェン以降の時代（ヴァーグナーやリスト）に変化和音がますます多くなっていったこと、そしてやはりほとんどは調的に作用している和音上であるとはいえ、変化音や経過音がどんどん自由に使われるようになっていったこと（シュトラウスやドビュッシー)、という二つの出来事は、調性から無調へと移行する二つの重要なステップだった。シュトラウスにおいてもすでに見られ、シュトラウス以降の音楽においてはもっと頻繁に現れるのが、調的性格を備えた作品の中で、調性がすでに決定的に止揚された場面である(たとえば『英雄の生涯』の中の敵対者の場面)。そして無調へ向かう一歩手前の作品の場合、調的な出発点から始まり、またそこに戻ってはくる(これによって、過去の模範に倣って、まとまりの効果が生み出され、枠構造を形作っている)が、それ以外は無調になっている。

だが無調への決定的転換は(これまで述べたような準備段階を経て)、われわれの十二音システムにおける十二の音がそれぞれ等しい権利を持たねばならないという必要性が感じられたときにようやく始まった。その時、十二の音は、特定の音階システムに従って階層化されたり、その階層によってそれぞれ重要であったり重要でなかったりするという具合に序列化されたりせず、個々の音が音階システムに還元されない任意の垂直的水平的関連の中で用いられるようになる。このようなやり方でも、ある音が他の音に比べて文脈の中でより大きな意味を持つことは起こりうるが、その場合もこの重要度の違いは、何らかの音階図式に基礎づけられるわけではなく、その都度の関連の帰結なのである。ちょうどあるグループの中の各メンバーが、お互いの関係性によって異なる価値と異なる存在感を持つように。表現の可能性は、十二の音を自由に平等に扱うやり方のせいで、当面見通し

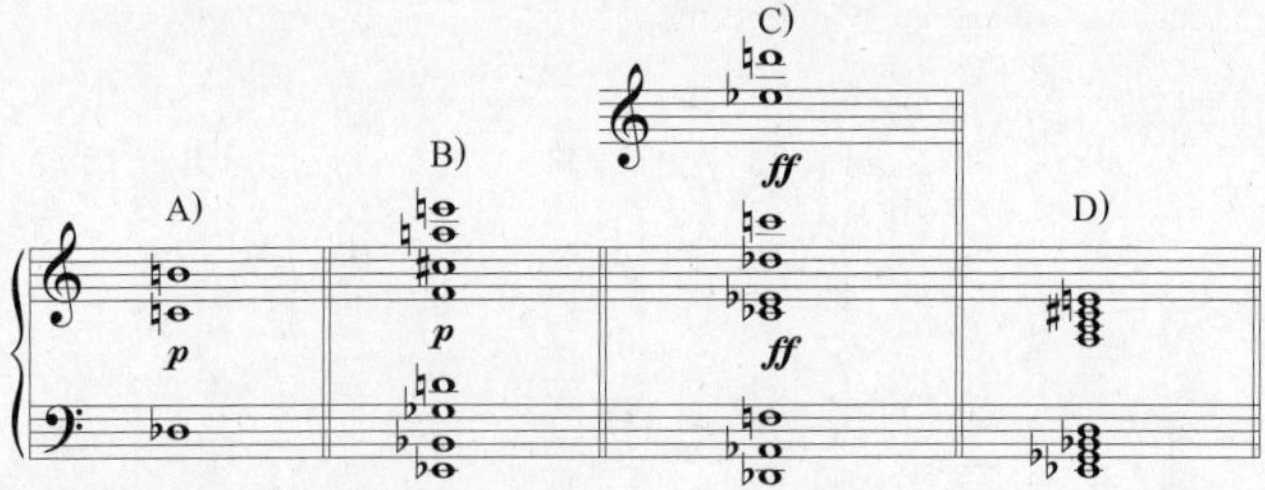

がたいほど大きくなる。以前は同時に鳴るのはせいぜい四音であり、しかも特定の許容された関連の中でしか使えなかったのに対して、今では十二の音すべてが、様々な組み合わせで同時に鳴らすこともできるのである。譜例Aのような独特の空虚な三音から、譜例Bのような八音から成る繊細なよく響く和音、さらには譜例Cのような八音〔正しくは九音〕による強烈な一撃まで、これまで考えられたこともない、ニュアンスに満ちた和音のグラデーションが使えるようになった。密集位置での三つ、ないしより多くの音による和音は、置かれる高さによって「様式化された」雑音のような効果が出る。低い音域では、それほど密集しない和音（譜例D）も、こういった「雑音的」な効果を持つが、これが二オクターヴ高くなるとその性格が変わり、より霊妙に響く。その効果は先ほどの譜例Bのそれに近づく。

ホモフォニーの音楽は、いくつかの音が同時に鳴ったり、あるいはあまり間を置かず相次いで鳴ることによって起こる音のかたまりで出来ている。それらはより密集していたり、より隙間があったり、分厚かったり、薄かったりするが、そのかたまりの性質は、構成している音の数や、その絶対的な位置〔つまり音高〕、そしてそれらが置かれる相対的位置（開離、ないし密集）などによって決まる。これらの音のかたまりの個々の音は、それが垂直的な音のグループのなかで持つ役割に応じて異なる意味を持つことになるのだが、それらの音のかたまりの継起が無調の音楽における「線」を可能にする。そしてこれらの線の上昇や下降が一つの調和のとれた全体像を表現しうるかどうかということが、その音楽が形式的に完成されているかどうかを決定することになる。

言葉では表しがたいその内容の重み、（シェーンベルクの言い方を借りるなら）「着想」の新しさ、そして線的な動きの調和、これら三つの要因の結果として、芸術作品が生み出される。だがこれらの要因は、過去の音楽作品の場合でも同じではなかったのか？　たしかにこれらの諸要因の要求水準は全く変わっていない。変わったのはその手段である。過去の作曲家たちにとって、制限はより多かったが、今ではより拡張された、より豊かな可能性がある。こういったより豊かな可能性を自由に使いこなすことによって、過去の音楽家たちが作り出したものよりも偉大な作品を生み出すことにつながるのかどうか。それは、未来になってはじめてわかるだろう。

無調の音楽を考察する際に、自由な音の使用、線的動きの調和については、言葉で規定できるような参照点がなく、どんな「規則」もない、というふうに、しばしば誤って理解されている。もしそうだとすれば、作曲家も、そして聞き手もただその直感に従っているにすぎないことになる。たしかにわれわれの無調の音楽について何らかの体系を確認することは今の所まだ全く出来ていない（シェーンベルクの『和声学』四九頁には、この点について、興味深い、だがまだ萌芽的な試みがある）。音楽発展のこの新しい時代はまだ始まったばかりであり、この種の作品は、理論を打ち立てるにはあまりにも数が少ない。だが、いずれそのような理論が現れるだろうし、それは後世に対して、過去の理論が果たしたのと同じような役割を果たすことになるだろう。つまり、それを基礎として、人はそれを拡張し、発展させ、ついには全く新しいものが現れて、それが新しい理論の生成を促すことになるのである。

ホモフォニーかポリフォニーか、という問題については、私はこれら両者を混用することに一票を投じたい。それら両者を用いる方が、その片方だけに制限してしまうより多様な表現が可能になると思われるからだ。さらに、似たような理由から、これら二つの原理を対立するものとは考えず、無調の音楽においても、過去の和音や調的なフレージング法を限定的に用いるのは、様式的な矛盾とは考えない。無調の多声的響きの中に、全音階的な三和音や、三度、完全五度、オクターヴといった音程が孤立して現れたとしても（もちろん特別な、それにふさわしい場所に限られた場合だが）、調的な感覚はもたらされない。それよりも、長い間の慣用や誤用によって、すっかり衰弱した手段も、この全く新しい環境の中で、対極的な力によって、新鮮で特別な力を発揮することになる。ときにはこれらの三和音や〔三度、完全五度、オクターヴのような〕音程の連続ですら（調的に聞こえることなく）完全に様式にかなったものと感じられるだろう。この種の和音を完全に排除してしまうことは、私には芸術の手段の一部を断念するに等しいことと思われる。われわれの努力の究極の目標は、可能な音の用法のすべての可能性を制限なく、使い尽くすことであるはずだ。

もちろんこれらの和音の特定の連なり、つまり主和音―属和音の交替を思わせるような和声進行は、今日の音楽には全くふさわしくない。（近年の作品で、できるだけ現代的であろうとして不協和音を精一杯盛り沢山に使って、そのなかにこの主和音―属和音の交替を忍び込ませておく、といったものはよくあるが、それらは新しい音楽が目指す方向とは本来的に関係のないものである。）

無調の音楽作品は、調的システムを基礎に構成されたシンメトリー的構造を放棄するものであるがゆえに、形式のない音の塊になってしまうのではないか、という恐れは根拠のないものである。まず第一に、建築的構造、ないしそれに類する構造は、必ずしも必要なものではない。音列的な音のグループに内在する様々な階層によって生まれる線的構成法でも十分なのだ。この種の構成法は、多少かけ離れた例だが、散文で書かれた文学作品の構成法に近いかもしれない。第二に、これらもやはり建築的シンメトリーというよりは、韻文で書かれた詩行の構築法を思わせるものではあるのだが、ある種の分節手段、たとえばすでに現れた音型の反復（別の音高での、また変化を伴っての）、模続進行《ゼクェンツ》、様々な楽想のリフレイン的再帰、さらには曲の終わりで出発点に立ち戻ること、などを無調の音楽は全く排除するものではない。

無調の音楽の本質を倍音システムによって、つまり物理現象によって基礎づけようとする試みは、私には目的に適っていないように思われる。倍音の現象によって、なるほど各音程のさまざまな性格や効果については説明できるかもしれないが、十二の音を自由に使用することについては、満足できるような説明を与えてくれるわけではない。無調へのプロセスはおそらく次のように考えられよう。音楽において使用できる素材は、聞き取れる限りもっとも低い音からもっとも高い音までの、さまざまな音高の無数の音である。（リズム、音色、音の大きさについては、ここでは二次的な要因であると考えて、論じない。）そうなるとわれわれの理想は、これらの素材の中からなるべく多くの素材を用いられるようにすることである。もともとは、この無限にある素材のうちから、倍音の原理に基づいて、限られた数の音だけが用いられた。つまり全音階がつくられ、倍音の原理により十二の異なる音高が導き出され、かくして全音階システムの全貌ができあがったのだ。だが、さらなる発展（自由な転調）に対する要求からすると、このシステムでは不十分であることが明らかになってゆく。そこでオクターヴは、自然な感覚とは言い難い十二の部分に分割され、これによって作為的に調律された十二半音階システムができあがる。このシステムの普及には、人工的な調律を施された鍵盤楽器が大きな役割を果たした。自然さを無理やり遠ざけるこうしたやり方とは裏腹に、音楽的思考はなおも数世紀にわたり全音階的な基盤にとどまったが、ついには上述の発展過程を経て、十二の半音を平等に扱おうという感覚が芽生える。この新しい方法は計り知れない可能性を秘めているため、ブゾーニのいう、三分音、四分音への希求は、まだ時期尚早に思われるほどだ。（彼の『音楽新美学草案』〔一九〇七年〕が出版された後に作られたシェーンベルクやストラヴィンスキーの諸作品は、半音階システムがまだまだ有効であることを示している。）半音をさらに細かく（ひょっとすると無限に細かく？）分割するような時代は、今すぐではないにせよ、何十年か何百年か後に、いずれやってくる。だが、そのためには、たとえば鍵盤楽器や打楽器の構造を作り直すといった、大きな技術的困難を乗り越える必要がある。人間の声や、指によって調節しなければならないあらゆる楽器の、音高調節の難しさは置いておくにしてもである。それを考えると、半音システムは芸術的に必要とされる期間以上に長く生き残っていくに違いない。

最後にわれわれの記譜法について一言述べておこう。現在の記譜法は、全音階システムのもとで生まれたものなので、無調の音楽を記述するには本来ふさわしいものではない。たとえば臨時記号は、全音階の音高を一時的に変化するものである。だが、今問題になっているのは、全音階的な音度を変化したり、変化しなかったりするということではなく、十二の等権の音なのだ。そのうえ、記譜法の一貫性を保つのは極めて難しい。たとえば、楽譜の「縦の」読みやすさか「横の」読みやすさか、どちらを優先するかというようなことは常に問題になるだろう。

十二の音を、別の音の変化したものとして書きつけるのではなく、十二の平等な記号によって書きつけることができるならば、それに基づく楽譜を使えるようになることが望ましい。だが、今のところ誰もそのような楽譜を発明していない。

Ⅳ　講義と自伝

ハーヴァード大学での講義

I

これから行う八回〔1〕の講義で、私は「新しい」ハンガリー芸術音楽の主な特徴についてお話ししたいと思います。それは一面で、他のどんな芸術音楽とも異なる特徴を持っています。ですが他面で、他の民族の芸術音楽と共通の特徴も見出せます。このテーマについてお話しする序論として、私はよく使われてはいるものの偏った意味で用いられることの多い用語について説明せねばなりません。その代表とも言えるのが「革新《レボリューション》」と「発展《エボリューション》」の二つの言葉です。

革新という言葉は、とりわけ現代音楽との関係では誤用されています。ある種の新しい音楽を書く作曲家は皆、革新的音楽家と見なされています。しかしここで革新という言葉の正確な意味を検討してみましょう。辞書によれば、この言葉は諸条件の転覆、根本的変化を指します。他の言い方をすると、それはかつて在ったものすべての破壊であり、新たに始めること、無からの出発を意味します。

発展は、ただｒの字が欠けただけでほとんど同じ言葉ですが、既に存在していたものの自然なプロセスによる展開、つまり程度の変化、を意味します。ここでは一つの文字の欠落が本質的な違いをもたらします。結果的にこれらの言葉はほとんど正反対の意味を有することになるからです。この差は、homoiousios と homoousios の間の「イオタ（ｉ）」の文字一つについて語られてきた差〔2〕よりもはるかに重要なものです。前者の場合、神の子は、その父と似たような本質を有しますが、全く同じではありません。後者では、神の子は、父と同じということになります。この教義上の見解における微妙な差が、ビザンツ帝国において多くの神学論争を引き起こし、多くの血が流されました。さいわい時代は変わり――少なくとも芸術においては！――革新を信奉する者と発展を支持する者との間で、血が流されることはありません。

あらかじめおことわりしておくならば、芸術において（たとえば音楽において）、厳密な意味での革新とは、かつて使われていたあらゆる手段の破壊であり、無からの出発、何千年も前への回帰を表します。ですので、芸術における完全な革新は不可能であり、少なくとも望ましくもないのです。音楽で言えば、それは今日知られているあらゆる楽音の否定、それに代わる何らかの素材の発明をすら意味します。そんな新しい素材など、ほとんど考えることもできません。楽音以外のどんな素材も音楽の本質を損なうものに思えるからです。音楽は楽音に基礎づけられているべきですし、もしそうでないならば、それはもはや音楽ではありません。そのような革新は、不条理へと向かうもので、全くのナンセンスにしかなりません。したがって、音楽におけるもっとも革新的な動向も必然的な限界を持っている、と言わねばなりません。それは、少なくとも従来と同じ素材を用いなければなりません。ただ、その素材をもとに築かれ過去数千年の間用いられてきて、今日も用いられているシステム、諸システムを否定することができるだけなのです。したがって、限定的な意味での革新だけが想定可能ですが、これすら後に見るように、非常に深刻な欠陥を抱えていると言わねばなりません。

たとえば四分音システムです。そのもっとも良く知られた代表者はチェコの作曲家、アロイス・ハーバ〔Alois Hába 一八九三―一九七三〕でしょう（もう一人の代表者は、パリ在住のロシア人の作曲家ヴィシネグラツキ〔Ivan Alexandrovich Wyschnegradsky 一八九三―一九七九〕でした）。ハーバは、シェーンベルクが半音階の十二の音を使ったように、二十四の四分音を用いました。これはだから、「超十二音主義」とでも呼べるもので、理論上は想定可能なものです。しかし、実際には極めて深刻な欠陥があることがわかってきました。そもそも十二半音階システムの最小の音程である短二度は、挑発的で耳障りな音なので、演奏者たちは（ほとんど無意識のうちに）その音程を広くとって、耳障りな音を和らげようとしていたことを思い起こしてください。これは弦楽器や声楽の場合は難なく可能ですし、管楽器の場合もある程度可能です。しかし、ピアノやその他の鍵盤楽器にはできません。だからこそ、短二度が多い曲が、弦楽器で聴くとそれほど挑発的には聞こえない、ということにもなるのです。ただ、このような事情のゆえに、ピアノ音楽において（弦楽器のダブル・ストップのような）短二度が避けられねばならない、というわけではありません。逆に、ピアノにおいても、この種の響きの耳障りなところを和らげる、いくつかの手段があります。それについては、この後の講義で扱う、ダイナミクスの配し方に関する議論で、また触れることになるでしょう。

四分音は、半音のさらに半分の音程であり、したがって耳にとっては、もっと不快なことになります。四分音の耳障りなところを、音程を広めにとって和らげるというようなことはできません。そんな幅はないのです。一方で、隣り合う四分音がダブル・ストップのような形で、同時に用いられると、不快な副産物が生まれます。ちょうどピアノの一つの鍵盤に対応する二本または三本の弦の調律が微妙にずれているときのような周期的な唸りが発生するのです。この種の意図せぬ唸りが常に聞こえることになって、ポリフォニックな四分音音楽は、ほとんど耐えられないものになります。解決法はありません。物理法則と物理現象は、どんな革新によっても根絶できるわけはないのです。

アロイス・ハーバはもう一つ、音楽の構造について、革新的なアイデアを持っていました。彼は、音楽作品において、どんな種類の反復も避けられねばならない、と考えました。大きな単位の反復も含めてです。このやり方だと、把握可能な構造や形式はさまざまな反復によってのみ作り出されうる、というあの根本法則を破棄せねばなりません。反復がないなら、音楽におけるどんな種類の構造も想像できません。換言すると、ハーバによる音楽作品からの構造の排除は、音楽の不毛にほかならないのです。私が感じ、そして私が理解するところによれば、上記の革新的アイデアに未来はありません。それらは今のところ満足な結果を生み出していませんし、また将来の発展を可能にする基礎にもなりえません。

ハーバの考えは、過剰な複雑さへと向かうものでした。他方、別の革新は物事を過剰に単純化しようとします。これを削除し、あれも削除し、ついには過剰に単純化された状態に至ります、それもみすぼらしい結果を伴って。

私はある素晴らしいピアニストを知っています。名前はヴァイスハウス・I〔Imre Weisshaus, 一八九三―一九七九、別名パウル・アルマ Paul Arma〕といって、私のかつての弟子でした。彼は最先端の現代音楽のパイオニアであり、アメリカでは同時代のピアノ音楽のみで構成された演奏会なども行っていました。けれども、彼の作曲についての考え方はずいぶん変わったものでした。たとえば、彼は声のソロのための歌を書いたことがあります。もちろん無伴奏なのですが、歌詞として用いられたのは、言葉ではなく、母音のみでした。さらに、この歌は一つの音高だけでできており、それがずっと色んな長さで、クレッシェンドやディミヌエンド、フォルテやピアノなどを伴って繰り返されます。このように、ほとんど零に至るまで切り詰められた素材は、音楽作品を創造するにはあまりにも貧しいものだ、ということに同意していただけるかと思います。ですが、このような傾向は美術、とくに絵画にも見られるもので、それについては後にこの講義の中でまた触れることになるでしょう。

ヴァイスハウスは作曲に関して、もう一つのアイデアを持っていました。今度は管弦楽に関するもので、実際にも彼はそのアイデアに基づいて曲を書いたのですが、それは八小節とか一〇小節のテーマが全く変奏されずに曲の間中繰り返される、というものでした。オーケストラは十二の楽器群に分けられ、それぞれのグループは主題をユニゾンで奏します。そして、それらのグループは次々と半音高く入って来て、最終的には十二のあり得る調すべてで同じ主題が同時に奏されることになります。この曲は、過剰に複雑で同時に過剰に単純である、といえるでしょう。一方で、同じ主題を変化なしに十二回も繰り返して演奏されても、あまり面白いとはいえないでしょう。他方、一つの主題を十二の異なる調で同時に奏されるのは、耳にとってはあまりにも過酷だろうと思われます。私の考え方からすれば、これらのアイデアに未来はありません。

ヴァイスハウスとは別の作曲家たちによる三つ目の考えは、音楽からはっきりした音高を持った音を排除する、というものでした。別の言い方をすると、打楽器のみによる曲を書こう、というものです。このアイデアは、ほぼここ〔アメリカ合衆国〕で広まったものです。事実、私はプログラム全体が打楽器の音楽だけで構成されている演奏会を見たことがあります。リズム上の工夫やその他の工夫がいかに興味深いものであるとしても、演奏会の間じゅう、打楽器音楽だけを聴かされて座っているのは単調な経験と言わねばなりません。それが私の正直な感想です。個人的には打楽器の可能性をさまざまなやり方で汲み尽くすことに大変興味を持ってはいるのですが。ただ、もしダンスのパフォーマンスの伴奏として打楽器だけの音楽を書く、ということならば受け入れることができます。この場合、ダンスが第一の、主導的要因であり、システマティックな方法で組織化された打楽器のノイズは飾りに過ぎません。繰り返しますと、打楽器の音楽をそれだけで、他の音楽的背景なしに用いる、というのは、私にはいくらか行き過ぎで、単調な結果しか生まないように思われるのです。

同じような傾向は文学、特に詩歌に見ることができます。そこでは、語のリズム、そして語の音の対照と類似(あるいは言葉が生み出す音楽的ハーモニー、と言ってもよいかもしれません)が場合によっては語の意味より重要になります。これがさらに発展すると、個々に切り離せば意味を持っているのですが、コンテクストの中では意味を持たないような言葉を用いる、というものになります。このような実験は、ついには語を追放し、一つの母音ばかりを用い、ほんの時折子音も用いる、というものに至ります。一五年ほど前、私はデッサウのバウハウスのコロニーで、こういった「詩」だけで埋め尽くされた本を見たことがあります。実際のところ、母音をその響きのために使用する、というのは文学の境界を踏み越え、音楽の領域に踏み込んでいると言えるかもしれません！

現代の絵画にも同じような傾向が見て取れます。最初に具体的対象が追放され、もっぱらさまざまな直線、曲線、幾何学的形態だけが用いられ、自然界に存在する外的形態が指示されることはなくなりました。これらの直線や曲線などは、絵画に平衡と調和のとれた統一を生み出すような一定のプランによって用いられます。カンディンスキーがこのようなスタイルを試みた最初の画家であり、大きな成果をあげました。彼の非対象的絵画はまだ比較的複雑なものでした。カンディンスキーの後、手段をより単純化しようとする人々が出てきました。そのうちの一人はオランダ生まれのピエト・モンドリアンで、彼はフランスの陥落〔一九四〇年〕まではパリに住み、その後アメリカにやってきました。彼は国際的に有名であり、とりわけ「先進的」な人々の間ではよく知られています。私は有名なオランダ人建築家デュドック〔Willem Marinus Dudok, 一八八四—一九七四〕のヒルフェルスムにある私邸で、彼のもっとも単純な絵画を見たことがあります。彼は友人のモンドリアンからその絵をプレゼントとして贈られたのでした。それはこのようなもの〔図1〕です[3]。

私はこの絵を見た時に、こんなことを口にしました。「こんな絵なら、毎日いくつでもでっちあげられそうだ。」デュドック氏はこれに「そんなことはありませんよ、全く違い

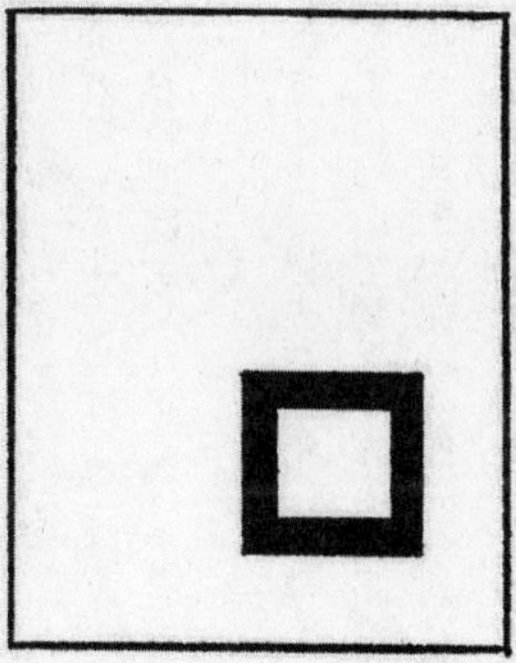

図１　バルトークによる、モンドリアンの絵画の再現

ます」と反論しました。モンドリアンは、この絵に数日、あるいは数週間かけたと語ったそうです。私には、これほど単純な主題について構想するのに、どうしてそんなに時間がかかるのかがわかりません。けれども比率や、方形や円を置く場所、それを塗りつぶすかどうか、白と黒の微妙なバランスなどが、この絵が醸し出すハーモニーを作り出すために極めて重要なのでしょう。

これほど単純ではなかったのですが、私は他の家でも、モンドリアンの作品を見たことがあります。どこかの角に黒い円が置かれていたり、幅広い線（のようなもの）が置かれていたりしたように思います。けれども、ほとんどゼロに近いような縮減は私には行き過ぎのように思われます。私は音楽家に過ぎず、絵画について価値を下す資格はありません。ですが、この種のやり方による縮減は、芸術的コミュニケーションにとって、あまりにも貧しい方法であるように思われます。これは、ほとんど一つの音高のみによるヴァイスハウスの歌と同じようなレヴェルにある、とは言えないでしょうか。

ここには面白い現象が見て取れます。芸術の三つの分野、すなわち絵画、文学、音楽に単純化の革新的傾向が同時に現れてきたのです。絵画において、この傾向はある程度の成功をおさめました。そして事実、モンドリアンの絵画や他の画家によるこの種の絵画はよく売れているようです。ですが同じ傾向は文学において、あまり成功したとは言えず、音楽においては全くうまく行っていません。

さてここで過去数十年における主導的作曲家であった、シェーンベルクとストラヴィンスキーについて考えてみるならば、彼らの作品は完全に発展《エボリューション》の帰結であったと言うことができます。彼らの作品系列には、以前の方法を突然拒絶したり、過去の作曲家によって用いられていた手段を廃したりする断絶は存在しません。そこに見られるのは、先駆者の用いた型や手段から、彼ら自身の表現の様式と手段へと移りゆく漸進的な変化です。

最初にシェーンベルクの作品について見てみましょう。シェーンベルクの最初期の作品、特に弦楽六重奏曲『浄夜』や、巨大な合唱・管弦楽作品である『グレの歌』を聴いた人は、それらがヴァーグナーの様式の延長であり、さらなる展開であり、こう言って良ければ部分的誇張であることを見て取るでしょう。次の段階として二つの弦楽四重奏曲が書かれます。第一番は単一楽章の音楽で、リストのピアノ・ソナタを思わせる、五〇分もかかる作品です（リストを思わせるのは、もっぱらその長さの点だけで、様式の点ではありません）。様式的にはこの弦楽四重奏曲は、ヴァーグナーの音楽のさらなる展開であり、極めて対位法的、半音階的で、もしかするとマーラーと〔リヒャルト・〕シュトラウスの要素が混じっているかもしれません。弦楽四重奏曲第二番では、最後の二つの楽章〔第三、第四楽章〕に声のパートが加えられています。シェーンベルク自身の言葉によれば、この第二番は彼の調性を持った作品の最後のものであるということです。そしてこの作品のさらなる発展として、次のステップとなったのが、三つのピアノ曲、作品一一で、これはシェーンベルクが調性を完全に拒否した最初の作品と言われているものです〔4〕。

このピアノ作品と、それに続く九曲か一〇曲のシェーンベルクの作品では、前もって定められたシステムは見られません。後に、彼は十二音システムと呼ばれることになる、いくつかのルールから成るシステムを構築し、その後の作品のすべてにおいてこのシステムを堅持しました。ここで彼の最近の作品について詳しく述べることまではしませんが、断言できるのは、これらの作品群において、本質的な様式の変化は見られない、ということです。それらはシステムの使い方において、より複雑になっているかもしれませんが、その表現の様式において、またその主たる特質において、作品一一で始まったやり方と変わるものではありません。

シェーンベルクとストラヴィンスキーの間には、考えられるかぎりの対照があります。それも不思議はありません。ストラヴィンスキーは全く違う場所から出発したからです。あるいはより正確に言えば、全く違う複数の場所から出発した、ということになるでしょう（彼は生涯においていくつかの出発点を持っていたのです）。彼がヴァーグナーを嫌っていたことを皆さんはご存知でしょう。そのために、彼はヴァーグナーではなく同時代のフランス音楽、そしてとりわけロシアの先輩たちの音楽を出発点として選びました。彼はモーツァルトの様式の透明さを讃えていましたが、若い頃にはあまりベートーヴェンの音楽をよく知らなかったようです。少なくとも彼の自伝の最初の巻にはそう書かれています。事実、ストラヴィンスキーはピアノ・ソナタ〔一九二五年〕を書こうと考えたとき――彼はこのときすでに四〇歳を超えていたのですが――この分野について予備的な研究をしておくのが役に立つ、と考えました。そこで彼はベートーヴェンのピアノ・ソナタを研究し、それらがとてもよくできていて、面白いものだということを発見した、と述べています（あるいは、そのように受け取れる言葉を記しています）。この言葉は、彼がベートーヴェンのソナタを一九二〇年代の前半までよく知らなかったことを示しています。彼の最初期の作品、たとえばピアノのための四つの練習曲〔作品七〕はあまり知られていません。しかし、輝かしい管弦楽曲『花火』は、先ほど述べたような要素を基礎としていますが、すでに彼独自の特質を示すものです。続いて、より成熟したバレエ『火の鳥』が書かれます。『ペトルーシュカ』では、新しい要素、ロシアの農民音楽が盛り込まれます。この要素は、次の『春の祭典』においてより完全な形をとるようになり、『夜鳴き鶯』でもやはりこの傾向は続き、そしてついには『村の結婚の情景』(『結婚』)において、そのもっとも高度な達成に至ります。[5]

そこではほとんどすべての動機(たとえば『春の祭典』の動機)が、ロシアの農民音楽の動機、ないしその極めて優れた模倣でした。そしてこれらの動機が組み込まれている和声は、ロシアの農村の音楽を昇華するのに驚くほど相応しいものでした。しかし、信じられないほどの新しいアイデアが散りばめられていたにせよ、先に述べたもともとの出発点はまだ認めることができました。あの目が粗く、金属的な、そして痙攣的な音楽の構造や、その背景にある過去のどんな構成法とも完全に異なるオスティナートも、おそらくは息の短いロシアの農民音楽の動機に遡ることができます。それらは、四小節、二小節、場合によっては一小節の動機から成るのです。

『村の結婚の情景』の後のいくつかの作品は、短いジャズの時代を形成しています。[6]

そしてまた別の時代が来て、これは時折横道に逸れるのですが、結局今日まで続いています。ストラヴィンスキーの新古典主義期であり、『プルチネッラ』はその先駆的習作でした。本当の始まりは、『管楽器のための八重奏曲』であり、その後にピアノ〔と管楽器のための）協奏曲が続き、さらにいくつかのピアノ独奏曲、あるいはここでは名をあげきれないほどのさまざまな作品が書かれました。この様式期のごく初期に、私はストラヴィンスキーとパリで会いましたが、そのとき彼は私に、自分の目的に適い、相応しいと思われる素材はどんなものでも、自分の音楽の中に取り入れる権利がある、と言いました。この信念は、「私が見つけたものはどんなものでも自分のものにする（Je prends mon bien où je le trouve.）」というモリエールの言葉を思い出させます。このような確信とともに、ストラヴィンスキーは過ぎ去った時代の音楽、一七、一八世紀のいわゆる古典音楽を新しい出発点とするようになるのです。この出発もまた純粋に発展的なものであり、全く革新的とは言えませんでした。

ストラヴィンスキーの新古典主義は、バッハ、ヘンデル、あるいは彼らと同世代の作曲家たちの音楽に基づく、という意見がありますが、それは表面的なものです。実際、彼はあの時代の素材や、バッハ、ヘンデル、その他の作曲家のパターンを用いはしました。ですが、彼はその素材を彼自身のやり方で使いこなし、彼自身の精神に基づいてアレンジし、変形したのです。もし彼がバッハなりヘンデルなりの精神をも彼自身の作品の中に移し替えようとしたならば、その結果できるものはもう模倣であって、創造とはならなかったことでしょう。

このように見てくると、ここ数十年でもっとも素晴らしい成果をあげた作曲家たちは、過去をかなぐり捨てる革新ではなく、彼ら自身の芸術の展開を行ったのであり、首尾一貫した発展を基礎としていたことがわかります。

そして同じ意味で、発展こそが、新しいハンガリー芸術音楽の創造の基本原理でありました。次回はこの問題についてお話しします。

II

新しいハンガリー芸術音楽の基礎について述べる前に、前世紀の終わりにおけるハンガリーの音楽界の状況について簡単に説明し、加えてこの国の歴史を概観しておくのが良いでしょう。

ハンガリーは、不幸にもトルコ人によって一六世紀前半に占領され、支配された過去を持ちます。この支配はおよそ二〇〇年にわたり、首都ブダペストと国家のもっとも重要な地域を含んでいました。このトルコの支配に対して長く続いた抵抗、解放戦争――これは自由だけではなく、解放する側のオーストリア軍による大規模な破壊行為ももたらしたのですが――そしてその後のハプスブルク家のハンガリーに対する圧政は、市民文化、とくに音楽の発展にとって好ましいものではありませんでした。トゥルバドールやミンストレルなども多少はおり、そのうちの幾人かは自分たちの作曲した旋律を、古いやり方で記譜したりもしました。けれども、総体としてみると、彼らの活動は大して重要な成果をもたらしませんでした。農民たちだけが、伝統的な旋律を蓄えておくことができました。というのも彼らの生活条件がフランス革命前のフランスの農民たちのそれと似たようなものだったからです。事実、ハンガリーの教育を受けた階層、すなわち侯爵、男爵、そして下層貴族《ジェントリ》などは農民のことをほとんど気にかけていませんでした。それどころか、彼らは農民階級を見下し、労働者としての働きだけを評価し、彼らの土地で働く奴隷と考えていました。

一九世紀の初頭、音楽的な環境は少しだけ改善されました。大地主のうちの一部が、彼ら自身のオーケストラを設立するようになったのです。たとえば有名なエステルハージ伯爵〔正しくは侯爵〕はハイドンをお抱えの作曲家として雇っていました。続いてリストが現れ、彼がそう信じ、そう呼んだところの「ジプシー音楽」を発見します。これは本当のところはハンガリーの都会の音楽であり、ジプシー楽団によって広められたものでしたが、彼はこの素材に基づいて『ハンガリアン・ラプソディ』を書きました。わが国の教養ある人々は、このラプソディに熱狂し、たとえばベルリオーズが管弦楽化したラーコーツィ行進曲と同様に受け入れました。次に現れたのが、オペラ作曲家のエルケル・フェレンツで、彼はその作品において、当時のイタリアのオペラ様式と、ハンガリーの都会のジプシー音楽の様式とを混ぜ合わせました。つまりエルケルのものは作曲における折衷《ハイブリッド》だったと言えます。彼の作品は今でもハンガリーで上演されていますが、過去においても現在においても、外国では全く知られていません。誰もがハンガリー独自の国民的芸術音楽を創造する時が来た、と考えていました。しかし、その後の試みは、この燃えるような思いを満たすものではありませんでした。一九世紀の後半には、幾人かの作曲家が、ハンガリーの都市のジプシー様式の発展を引き継ごうとしましたが、成功には至りませんでした。ヴァーグナーの崇拝者になった作曲家たちもいます。このように崇拝すること自体は、悪いことではありません。それどころか、彼らの仕事は最先端の音楽に追いつこうとする立派な努力だった、と言えます。ただ、問題だったのは、これらの崇拝者たちの一部が卑屈な模倣者になってしまったことです。彼らは、もっとも陳腐なフレーズ（ヴァーグナー様式の使い古し）で埋め尽くされたようなオペラを書きました。このような経過は本当に残念で、全く何ももたらしませんでしたが、他の国でも事情は似たようなものだったことでしょう。ハンガリーの観点からすると、これがマイナスであったことははっきりしています。なぜなら、ヴァーグナーの精神は、音楽におけるハンガリー主義として考えられるいかなるものにとっても、完全なアンチテーゼであったからです。したがって、これは将来の発展の基礎ともなりえませんでした。それ以外の作曲家たちは、ブラームスに依拠し、彼の様式を模倣しました。これはヴァーグナーの様式とは全く異なるものですが、これもその性格はあまりにドイツ的なもので、われわれの音楽を作り上げる時の出発点にはなりませんでした。以上が世紀末における——かなり嘆かわしい——状況でした。

それでも、教養ある階層の指導的な人物たちは、日に日にハンガリー的音楽様式の創造を待ち望むようになりました。彼らの念頭にあったのは、スメタナやドヴォルザークといったチェコの作曲家たち、あるいはノルウェーのグリーグ、そしてとりわけロシア人の作曲家たちの成果の類でした。現状への不満、新しいものへの熱望は大いにありましたが、誰もどうしたらいいか、どこから始めるべきか、わかっていませんでした。ハンガリーの農村の音楽はまだ全く知られておらず、まだ発見されていなかったのです。

今世紀のはじめになって登場した、何人かの若いハンガリーの作曲家たちは遠大な計画を持っていました。彼らは熱心に古典を学び、必要な作曲技法を得ようと努めました。一九世紀ドイツ・ロマン派の様式は、彼らの心情と目的にはあまり適っていなかったようです。特にヴァーグナーの音楽は、構造において重過ぎ、精神においてドイツ的に過ぎました。彼らはヴァーグナーの半音階主義とロマンティシズムに対して、極めて健康的な仕方で抗いました。リストの作品は、その透明さの点で完全に非ドイツ的で、彼らにとってずっと大きな刺激となりましたし、その後にはもちろんフランスの印象主義の影響が見られます。これらの〔リストやフランスの印象主義の〕作品における新しい発想が、未来の可能性に向けての貴重なヒントとなりました。

これら刺激を与えてくれた要因のすべては、他の国のどの作曲家にも揃っていたことでしょう。しかし、ハンガリーの作曲家たちは、大きな理想を持っていたので、それまで全く知られておらず、それまで汲み尽くされていなかった発想の源へとさらに向かうことができました。それは他の国の人々には手に入れることができなかったものです。その極めて貴重な源泉は、東欧、とりわけハンガリーの農村の音楽でした。ハンガリー人にとってこれは、なにか気軽なプレゼントのようなものとして、気づいたらそこにあったようなものではありません。すでに述べたように、この音楽はわれわれにとって、当初全く知られておらず、それを見出すためには大変な仕事が必要だったのです。

この新しい発想の源泉は次第に知られるようになりますが、それは当時、リストのラプソディやブラームスのハンガリー舞曲のような形で比較的よく知られていた、ジプシー楽団が喧伝するハンガリーの都会の音楽とは全く違うものでした。ハンガリーの都会の音楽は、それ自体別の価値を持っており、ブラームス、そして特にリストがこれに基づいて書いた音楽は良くできたものだったと思います。しかしながら、当時のわれわれ若い作曲家たちがほとんど本能的に感じていたのは、この様式には限界と欠陥があり、さらなる発展の基礎にはなりえない、ということでした。その欠陥とは、ありふれたスタイルへと向かう傾向、情感の誇張、そして、過剰に複雑なものへと向かう傾向とでも言えるものでした。

このようにして「新しい」ハンガリー芸術音楽の始点が定まりました。それはまず作曲の技術に関しては、西洋芸術音楽の古典と現代の技法に関する完璧な知識に根ざすものであり、第二に来るべき作品の精神に関しては、新たに発見された農村の音楽という無比の美しさと完璧さを備えた素材に根ざすものでした。

この素材がわれわれに及ぼした影響に関しては、さまざまな面を取り上げ、示すことができます。たとえば、調性について、旋律について、リズムについて、そして構造的な面についての影響さえも認められます。私はここで調性的影響について述べ、それがいかに本質的な結果をもたらしたかを示したいと思います。

ハンガリーの農民音楽を調査しはじめた最初の段階ですでに、われわれはそこに通常の長調や短調の音階が欠けていることに驚かされました。とりわけわれわれがもっとも純粋な民俗的旋律と考えたものには、それがありませんでした。そのかわりに見出したのは、中世の芸術音楽において、もっともよく使われた五つの旋法であり、そのほかに旋法的な音楽ではそれまで知られていなかった音階、さらに言えば一見オリエンタルな特徴を持つ（つまり増二度を含む）音階でした（譜例A）。譜例〔A〕にあげた音階はいずれも、全音階からは導かれません。鍵盤のどの音から始めても、これらの音階を弾くと黒鍵を使わざるを得ないのです。さらに、おそらくもっとも古いハンガリーの素材において、われわれは「不完全な」音階に出会うことになります。これは下方移動構造[7]という特別な旋律構造と結びついて、ハンガリーの農民音楽の主たる特徴を成します（譜例B）[8]。この譜例〔B〕は、アンヘミトニック・ペンタトニック、つまり半音程を含まない五音音階です。

全音階が一オクターヴ内に七つの音を持ち、それに応じて七つの旋法を持っているのと同じように、ここでは一オクターヴ内に五つの音があるので、それに応じて半音程を含まない五種類の五音音階が導かれます（譜例C）。上の譜例〔C〕の第一の例は、中国の音楽でよく知られているものであり、五番目の例は「古い」ハンガリーの旋律でのみ見られるものです。残りのものは、東部ロシアや中央アジアのさまざまな民族の音楽に見られます。

半音程を含まない五音音階では、（短）二度と（長）七度を欠いていることから奇妙な跳躍が生じますが、これはたとえば、ヴァーグナーの音楽における半音階的な七音音階とは対極的なものです。だからわれわれは（ほとんど無意識のうちに）これをヴァーグナーやその追従者たちによる、超半音階主義に対するもっとも効果的な解毒剤だと考えました。かくしてわれわれの創造には、二つの異なる出発点が与えられることになります。われわれの農村の旋律が持つさまざまな旋法と、もっとも古い音楽における五音音階です。私はまず、旋法がわれわれの作品、とりわけ私自身の作品に与えた影響について述べ、それが導いた特徴的帰結についてお話ししようと思います。

しかしその前に、少しだけ過去に寄り道をして、西欧の芸術音楽を一五〇年から二〇〇年ほど前にさかのぼってみましょう。周知のとおり、この時代には長短調の音階による厳格な規則が確立しており、それ以前の時代を支配していた旋法の使用は影を潜めていました。長調の音階に関しては、この時代、特に変わったことはありませんでした。ですが、短調の音階に関しては、その二重性の故に、様子は異なっていました。二重性とは、つまりいわゆる旋律的短音階が、二つの形を持っていることを指します。長六度、長七度を持つ上行型と、これらの音程が短六度、短七度の音程となる下行型です。これはよく知られている事実で、このこと自体をここでとりあげるつもりはありません。ただ、あまり知られていないのですが、この二つの音階はしばしば並列的に使われていました。ある声部では一つの型が、別の声部ではもう一つの型が使われていたのです。この二つの音階型の重なりは、時として、現代的に響く不協和音を生み出します。たとえば、イ短調を例にしましょう。二つの音階を同時に使うと、音階の上方では嬰ト音とト音、嬰ヘ音とヘ音のどちらか、あるいは両方が同時に鳴ることになります。その際、重要なことは、当時の作曲家たちは、このやり方によって、新しい、聴いたこともないような不協和音を作り出そうと思ったわけではなく、たまたま出来上がった和音はそんなに重要とは思われていなかった、ということです。重要だったのは、二つの声部の途切れない線であり、そこでは一つの声部はト音とヘ音を下行型として必要とし、もう一つの声部は嬰ト音と嬰ヘ音を必要とした、ということです（もちろんイ短調を例とした場合ですが）。もし短調音階のこれら二つの型を旋法と考えると（そして実際のところ、それらは旋法に他ならないわけですが）、作品の中でこれら二つの進行を同時に使っている部分は、ある種の複旋法となっている、ということになります。[9]

芸術音楽の場合、ベートーヴェンの初期作品に至って、このような用法は完全に姿を消しました。そしてそれは後で見るように、二〇世紀になってからずっと発展した形で再登場します。そのような再登場がどのように起こり、どんな発展が見られるかについて語る前に、もうひとつ寄り道をせねばなりません。

たった今、私は「複旋法」という、あまり耳慣れぬ用語を使いました。これよりずっとよく使われる用語（私はほとんど「スローガン」と言いたいのですが）として、「無調（ないし十二音システム）」や「多調（二声だけを問題とする場合は複調）」といった言葉があります。多調とは、二声ないしそれ以上の声部のそれぞれが特定の調によってできているような音楽における異なる調の重なりのことを意味します。多調を使い始めた人々は、そのようなシステムが無調の対極にあるもの、と考えていました。多調が調性を二重化、三重化、四重化するのに対して、無調の方は調性を廃すること、あるいはそれを廃したつもりになることを意味していたからです。

私たちはすでに無調について論じました。本当の、「完全な」無調は存在し得ません。シェーンベルクの作品においても倍音に関する不変の物理法則のゆえに、そしてそれら倍音が基音に対して持っている関係のゆえに、完全な無調にはならないのです。一つの音を音を聴くと、われわれは無意識のうちに、それを基音と捉えてしまいます。それに続いて別の音を聴けば、われわれはそれを——やはり無意識のうちに——基音として受けとめた最初の音とつきあわせながら、それ〔最初の音〕との関係の中で続く音を解釈しようとするでしょう。

ここでウィーンの作曲家、J・ハウアー〔Josef Matthias Hauer, 一八八三—一九五九〕について触れねばなりません。彼は、とても不思議な音楽を書き、シェーンベルクではなく、自分こそが本当の、そして唯一の無調の作曲家だと主張しました。おわかりでしょうか。中欧では、誰がもっとも純粋な無調主義者かという真剣な闘争があったのです。ハウアーは、一九二七年フランクフルトの国際フェスティバルにおいて、管弦楽組曲第七番を発表し、それなりの成功をおさめました。この組曲は、一見カラフルですが、結局のところ単

譜例 1

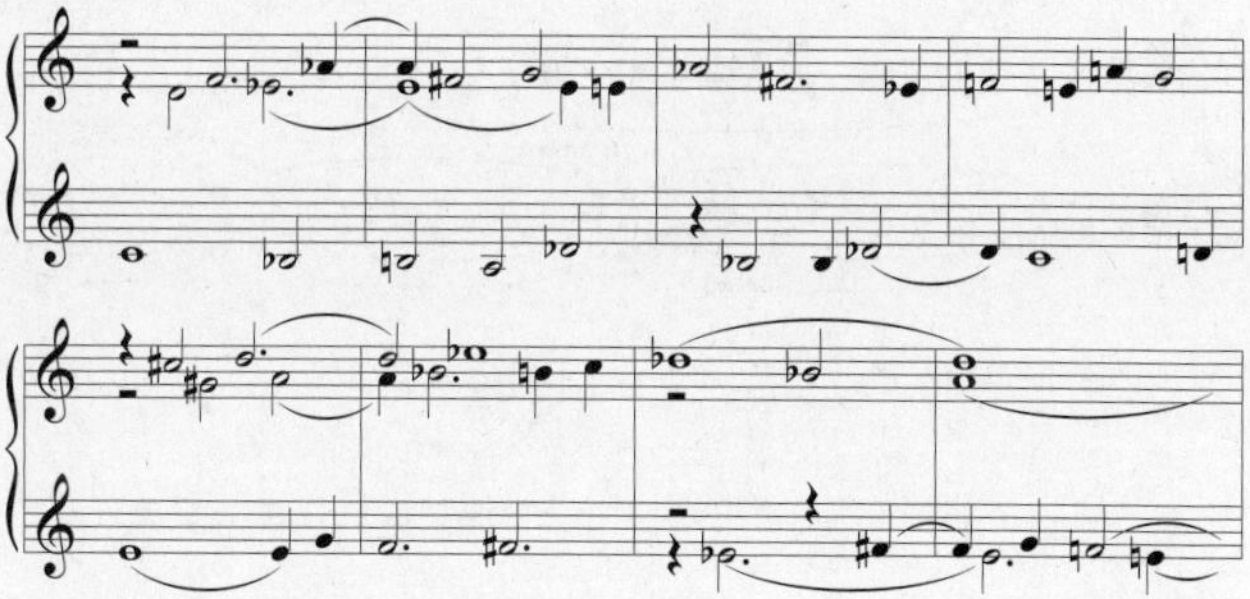

調な、装飾的和音の連鎖としてできていました。私はここに彼の小品の楽譜を持ってきましたので、弾いてみましょう。純粋な無調音楽というものが、どんな風に響くかおわかりいただけると思います。いわゆる無調の作品では今はある音が、そして次には別の音が基音として選ばれ、曲の中のあらゆる出来事がこれら選ばれた基音との関係で解釈されていきます（譜例1）[10]。

これと同じ現象が、いわゆる複調的音楽においても現れます。そこでは複調性は、そのような音楽の楽譜を見る目にとってのみ存在します。われわれの聴覚的認識は、ここでもどれか一つの調を基本調として選び取り、もう一方の調に属する音は、この選びとられた基本調との関係において感覚されることになります。異なる調に属する声部は、選びとられた基本調からの変化音と見なされることになるのです。たとえ話をしてみましょう。われわれの二つの目は、二つの完全に異なる絵を同時に見ることができません。二つの目が

譜例2

見る方向は、どちらかの絵の方に集中せざるをえません（目の間の距離が生む視差は問題ではありません）。そして不幸にして、斜視のような状態で方向調整が狂うと、次第に、そして自動的に、邪魔になる片方の目の像は無視されるようになります。その人物は、片方の目だけを使うことになるのです。これと同じように、われわれの聴覚は二つ、またはそれ以上の異なる調を、二つまたはそれ以上の異なる根音との関連において聴き取ることができません。聴覚は、二つ以上の調の迷宮を、一つの基本的な調へと単純化してしまうのです。

ところで、多調ないし複調の信仰には、多くのごまかしがありました。一部の作曲家たちは、陳腐なメロディをある調性、たとえばハ調で作り、そこに嬰ヘ調のとても陳腐な伴奏を加えたりしました。これは奇妙な響きがしますが、これに惑わされた聴衆は「おお、これはとても面白くて、現代的で、大胆な音楽だ」と感心しました。このような人工的なやり口は、全く無価値なものです[11]。たまたま、ストラヴィンスキーの音楽の多くのもの、そして私自身の作品の一部も、複調ないし多調的に見えます。それで多調性の先駆者たちは、ストラヴィンスキーを自分たちの仲間で多調主義者だと思ったのです。しかし、ス

譜例3

譜例4

トラヴィンスキーは正書法のようなうわべの事柄においてさえも、そのように見られることを意識的に避けています（譜例2）[12]。

さて、旋法の話に戻りましょう。短音階の二つの型が同時に使われうる（譜例3）のと同じように、二つの異なる旋法が同時に使われることもありえます（譜例4）。

もう少し詳しく見てみましょう。共通の基音の上に、リディア的ペンタコルドとフリギア的ペンタコルドを重ねると、すべての半音を含む、全音階的ペンタコルドが得られます〔ここで問題になっているのは基音から五度音までのペンタコルド、すなわち五つの音からなる全音階的音階のことである〕。この見かけ上の半音階は、かつての時代の変化和音の結果生じる半音階とは、機能の点で全く異なります。ある和音を半音階的に変化させた音は、その和音のもとの形と強い関係を持ちます。それは次の和音の特定の

譜例５

音への経過音という関係です。ところが、われわれの多旋法的半音階においては、半音低かったり、高かったりする音は、何らかのもとの音を変化させたものではありません。それらは、全音階的な旋法の、全音階的な成分なのです。

　この譜例4をもう少し詳しく検討してみるならば、まず第一に上の声部はフリギア旋法で、下の声部はリディア旋法で書かれていることがわかります〔両方Cが基音〕。そして第二に、二つの音階の上半分は、短音階上半分の二つの型の関係と全く同じであるこ

譜例6

とがわかります。したがってわれわれの例は、前に述べたような昔の作曲家たちのやり方を音階の下半分に拡張したものだ、と言えるのです。例を増やしてもあまり意味はないでしょうから、そのかわりにこのようなやり方を実際に、少なくとも部分的に用いた実例をあげておきましょう（譜例5〔13〕）。

ただし、こういうやり方について、異なる旋法だけが問題になるわけではありません。同じことは基音を同じくする長調と短調の音階、もっと正確に言うと長短調のペンタコルドについても当てはめることができます。結果として、第三音に短三度と長三度の両方を持つ三和音を得ることができます。その例を示してみましょう（譜例6〔14〕）。

大変興味深いことに、長短の三度の同時使用という現象は、民俗的な器楽にも見られます。民俗音楽というのは、基本的にはユニゾンの音楽です。ですが、舞曲を演奏するのに、二本のヴァイオリンを使う地域があり、片方が旋律を、もう一方が伴奏の和音を演奏します。そして、次の例のように、奇妙な響きのする和音が現れることがあるのです（譜例7〔15〕）。

譜例 7

譜例 8

この種の原則でできている音楽については、三つ目の「スローガン」、つまり複旋法性とか多旋法性という言葉を使って良いのではないか、と思います。もっとも、この意見は「一抹の疑いをもって（cum grano salis）」受け止めていただかなくてはなりませんが。われわれの作品、そして多くの他の同時代の作品では、さまざまな方法論や原理が交差しています。たとえば、われわれの作品において、上の声部ではある旋法を一貫して使い、下の声部ではもう一つの旋法を使っている例を見出せるなどと期待してはいけません。われわれの音楽が多旋法的だといっても、それはその多旋法性なり複旋法性なりが作品のある一定の長さの中で（時には一小節の中で）現れる、という意味でしかないのです。したがって、その〔旋法から旋法への〕変化は小節毎に、あるいは拍毎に起こります。そのような例をお示ししましょう。ここでは主題のそれぞれの音ごとに〔旋法

の〕扱い方が違います（譜例8）[16]。

この話題をしめくくるにあたり、「無調」、「多調」、そして「多旋法」の本質的な違いを指摘しておくならば、無調の音楽が基音を全く示してくれないのに対して、多調の音楽では複数の基音が示されており——あるいは示されていると考えられており——多旋法の音楽では一つだけ基音が示される、ということになります。このようにしてわれわれの新しいハンガリー芸術音楽は、曲の一部であれ、全体にであれ、常に単一の基音に基づいているのです。同じことはストラヴィンスキーの音楽についても言えます。彼は、たとえば『イ調の協奏曲』〔おそらく『イ調のセレナーデ』のあやまり〕のように、作品のタイトルにおいてすら、このような事情を強調しています。ここではしかし、長調か短調かという指定は省かれています。三度音の性質は固定していないからです。

多旋法的作品は、私の作品には多く、コダーイのものにはそれほど見られません。彼は先に述べた五音音階のシステムの方により影響されており、その古風な精神が彼の旋律システム全体に非常に独特な特徴を与えています（譜例9）[17]。

今一度強調しておかなくてはならないのは、この「古い」ハンガリーの五音音階的システムが、五音音階の使用のみならず、形式構成上の性質など、その他のものによっても特徴づけられるということです。これらの特徴の総体によって、ハンガリーの五音音階システムは、世界中の他の五音音階的システムと明確に区別することができます。他の地域の

譜例9

lunga
Molto moderato (♪=84)
pp
S.
These words King Da - vid wrote in his Psal - ter,
So sagt's die Bi - bel, so schrieb es Da - vid,
A.
T.
B.
ORCH.
Fif - ty and five of prayers and of prais - es,
So steht's im fünf - und - fünf - zig - sten Psal - me,
cresc.
f espress.
And for the faith - - - - ful, bit - ter - ly
Dar - aus ein From - - - - mer trau - rig im

他の民族、たとえば北米のインディアンや、アフリカの黒人の部族も、やはり五音音階のシステムを持っていますが、旋律構造やリズム、その他さまざまな点でそれらは全く異なるものと言わねばなりません。さまざまな様式の区別にとっては、諸特徴の総体こそが決定的な要因なのであって、全体から個々の特徴を取り出しても意味はありません。従って、もしこのような「古い」タイプのハンガリーの五音音階的民謡を聴いて、それがインディアンや黒人やスコットランドのあれやこれやの音楽に似ているとか同じだとか言っても、それは誤りです。なぜなら、その人は単一の、孤立した特徴をもとに判断しているに過ぎないからです。付け加えるならば、ハンガリーの古い五音音階の民謡は、中央アジアのトルコ、モンゴル、中国などの五音音階の一大中心から枝分かれしたもの、と言えます。われわれはこういった様式の古代的特質にとても魅せられ、その影響を受けて、バッハやヘンデルに帰れ、という二〇年ほど前に喧伝されたやや不正確なスローガンが命じるよりずっと古い六世紀、七世紀の音楽へと遡りました。この古い、農村の音楽様式は、少なくとも一五〇〇年もの歴史を持っていることが証明できます。私は後ほどこの件について詳しく論じるつもりです。

五音音階は、旋律にヒントを与えるだけでなく、和声にとっても示唆的です。通常の長・短音階の音楽に顕著な主和音―属和音の関係は、旋法の音楽ではすでにあまりはっきりせず、ぼやけていると言えます。しかし五音音階の音楽においては、通常の和声的な意味での属和音はないので、この関係は消え去ってしまいます。そこでは五つの音度のうちの四つ、すなわち基音、三度、五度、七度音は、ほとんど同じ重みを持ちます。四度音は概して経過音として現れ、七度音は協和音の性格を帯びています。それで五音音階の旋律には、もっとも簡潔な和声づけ、すなわち単一の和音を和声的な背景として用いる、というようなやり方がもっとも想像しやすいでしょう(譜例10〔18〕)。

とはいえ、この種の、極限まで単純化した和声づけは、例外的に、つまり慎重に選び抜いた箇所で、作品の中の適切な部分にのみ用いるようにするべきです。過度に用いると、それは前回の講義で私が述べたように、あまりにも単純化されて単調な結果を生むことになるでしょう。このような古風な様式による旋律は、もっとも大胆な和声づけも許容するからです。五音音階の旋律や主題に和声をつけたり、それらを扱ったりする際に、まさしくその古風な特徴が、通常の長・短音階の音楽のとき以上の幅広い可能性を許容してくれる、というのは驚くべき現象です。長・短調の音楽に潜む主音や属音は主和音や属和音を示唆するために、われわれの創作活動にとってはある意味で障碍と言えるでしょう。この障碍は、簡単に迂回することはできますが、それでも存在していることは存在しているのです。セルボ゠クロアチアやアラブの農村の音楽によく見られる狭い音域を行き来する旋律、つまり三度や四度の音域を超えないような旋律は、同じような自由をわれわれにもた

譜例 10

Allegro (♩=132)
f giocoso
Ha ki - me gyek arr' a ma - gos
If I climb the rock - y mountains
Wollt ich in die blau- en Ber - ge
f pesante
p leggiero
(Ped.)
gliss.
te tő - re, Ta - lá - lok én sze - re - tő - re
all day through, Sure I'll find a sweetheart - waiting,
su - chen gehn, Fänd ich si - cher ein - zwei Schätzlein
ket - tő - re. Ej, baj, baj, baj, de nagy baj,
may - be two. Ah me, love's free, will not stray.
für mich stehn. Ei, hei, ei, wenn ich nur wüsst,
poco cresc.

らしますが、それはまさに他の三つないし四つの音度を欠いているからに他なりません(譜例11A・B)[19]。

そしてここでもう一度、少し横道に逸れねばなりません。民俗音楽の採集者、編集者の間に広まっていて、しかも彼らによって喧伝されている、時代遅れの原理、原則、信仰とでも言うべきものがあります。それは民謡の一曲ごとに異なる、普通ではない伴奏を書くのは、民俗音楽のスタイルに反している、というものです。旋律の単純な構造のゆえに、これらの人々は民謡の伴奏としてごく一般的な、つまり一番退屈で使い古されたような和声進行しか認めようとしません。たとえば半音変化和音は、その変化した音が当該の旋律に含まれていないから許されない、といった具合です。しかし、そのような退屈な和音は、旋律の特殊な性格を決して強めてはくれません。逆に、それらの和音は、旋律の独創的《オリジナル》な美しさを隠してしまう傾向があります。民謡を出版するのに際して、そのようなものを付け加えても役に立たないでしょう。そんなことをするのは、エネルギーとお金と時間と資源の無駄遣いです。そんな妙なものを加えるよりも、ただ旋律それ自体を出版する方がずっとましです。こういう編曲を行うのは、作曲家ではなく、善かれ悪しかれ——たいていは悪い方なのですが——職人たちでした。作曲家たちは、これに対して、事態を全く別の角度から見ています。彼らにとっては、慎重に選ばれた旋律は、彼ら自身が作曲した独自の主題と同じように扱うことのできるモットーのように見えるはずです。彼らはこの動機

譜例 11A

Parlando, ♩=84
Hra - ba - ra, hra - ba - ra, čer - ta na - hra - ba - la,
od veľ - kí - ho spa - ňia hra - bľe do - lá - ma - la, hijjjijijj!

譜例 11B

♩=136
sempre simile
うた

譜例 12

を彼ら自身で作り出したもの、彼ら自身の創意に富む空想の結果出来上がったもので取り囲みます。つまりそれぞれの場合において、選ばれたモットーを基礎に、いわば独創的《オリジナル》で個性的な作品が作り上げられるのです。そのような創造的作品の見事な例として、ブラームスによるドイツ民謡集、あるいはラヴェルによる『五つのギリシャ民謡』などがあげられます。いずれもこの分野における傑作です。同じくらいの傑作で、しかももう少し複雑なものとして、

コダーイの百以上にのぼる民謡編曲がありますが、不幸なことに国外ではあまり知られておらず、また当面は入手することもできません。私自身も、民謡編曲については、もっとも単純なものから、多少複雑なものまで、さまざまなやり方を試してきました。『八つの〔ハンガリー農民歌による〕即興曲』〔BB83, Sz74〕において私自身は、単純な民俗旋律にもっとも大胆な伴奏をつけることに関して、その限界に到達したと考えています（譜例12）。

Ⅲ

われわれの次の主題は、新しい半音階主義について述べることです。詳しく述べる前に、もう一度さまざまな旋法を重ねあわせることで何が生じるかを思い出しておきましょう。第一に、一定限度の複旋法、ないし多旋法が生じます。そして第二に、複旋法はすべての半音を構成音として含む全音階（ないしその一部）の使用をもたらしますが、これらの半音階は全く新しい機能を果たします。それらは、ある和音から別の和音へと導くための変化音ではありません。それらは同時に用いられているいくつかの旋法の構成要素としか捉えられないものなのです。一見半音階に見えるそれらの半音は、あるものは一つの旋法に属し、また他のものは別の旋法に属しています。これらの音度は和音的な機能は全く持っておらず、むしろ全音階的、旋律的な機能を持っています。こういった事情は、それらの音度を拾い上げ、それらが属する旋法へとまとめ直してみればはっきりするでしょう。

この旋法的半音階主義（以後、一九世紀の和声的半音階主義と区別するため、右の現象をこう呼ぼうと思います）は、新しいハンガリーの芸術音楽の主たる特徴です。もう一つの特徴は、おそらくご記憶のように、五音音階的な旋律構造がわれわれの作品に現れることであり、それは――言ってみれば――旋法的半音階とは対照を成すものなのですが、それにもかかわらずこの二つは組み合わせることができます。

さてこのような旋法的半音階を頻繁に用いるうちに、旋律的かつ新しい一種の半音階主義のアイデアがゆっくりと、ほとんど無意識のうちに、直観的に生まれてきました。ついでに言えば、複旋法性や、旋法的半音階主義の洗練も無意識で直観的なものでした。私は新しい理論を前もって作り上げておくようなことをしたことはありません。私はそのような考え方を嫌ってきたのです。もちろん、どのような方向へ向かうか、という感覚は明確に持っていますが、作品を作っている時にその方向性や、その源泉に、どんな名前が付けられることになるか、などということは気にしたことはありません。このような態度は、私があらかじめ決められた計画や、十分な制御なしに作曲していることを意味するわけではありません。計画は新しい作品の精神に関わり、また技術的問題（たとえば作品の精神が要請する形式構造、といったような）にも関わるのですが、すべては多かれ少なかれ直観的に感覚されるものです。これから書こうとしているもろもろの作品にあてはまるような一般理論といったものに私は関心を持ったことがありません。今、私の作品の大部分はもうすでに書かれてしまっており、大まかな傾向、あるいは一般的図式といったものも現れてきているのだから、そこから理論を導くこともできるかもしれません。それでも、私は一般理論を導くよりも、新しい手段、やり方の方を好むのです。

新しい半音階主義について述べる前に、重要な問いがあります。半音階主義は、民俗音楽には存在するのでしょうか。あるいは、その存在は民俗音楽の世界ではそもそも考えられないのでしょうか。まず第一に、民俗音楽は例外的なケースを除くと、世界中どこでも基本的にはユニゾンの世界です。そして第二に、西洋芸術音楽においても、半音階主義は――こう言ってよければ――人工的な発展の結果生じた「より高度なレベル」にあると思われますが、そのような高度なレベルはそもそも農村の音楽には期待できません。同様にその様式が二声ないしそれ以上の声部によるポリフォニックな構造を前提としているがゆえに、旋法的半音階主義もまた民俗音楽の世界にはありえないものと言わねばなりません。

しかしながらとても稀な例外があります。ごく限られた地域で、旋律や旋律の様式が真の半音階システムに基づいているようにみえる場合があるのです。それはどんな半音階システムでしょう？　音階の中の個々の音度がおおむね互いに半音の距離を保っているため、種々の旋法の構成要素とは見なしえないような場合がそれにあたります。事実、それらは全音階の各音度と同じように独立した音であり、その各音度は、基音との関係以外、相互の関係を持っていません。これらの半音階は一定の基音を持ちますが、いずれにせよ、こ

譜例 13

ういった半音階主義は私がこれから説明しようとしている新しい半音階主義にとてもよく似ています。この種の半音階様式は、北アルジェリアのアラブ地域と、ダルマチア（ユーゴスラヴィアのアドリア海沿岸）に見られます。まずはアラブのこの種の旋律を聴いてみましょう（譜例13[20]）。

私はこのようなアラブの旋律を一九一三年以来知っていたのですから、それが私の（以後の）作品に、半音階という点で影響を及ぼしてきたというのは十分考えられることです。ですが、ダルマチアのケースは、これとは異なります。ダルマチアの半音階様式は、一九四〇年にアメリカで出会うまで、全く知りませんでした。このような音楽の録音を、私はここに来てはじめて聴くことができ、そのいくつかを採譜することができました。このダルマチアの様式は、先ほど聴いたアラブの様式よりもずっと重要で、より一貫性があり、高度に発展しており、聴き手に耳慣れない効果をもたらします。この不思議な効果は、ダルマチア人たちが、これを二声で歌うことでより強められます。この二声は普通、平行進行するのですが、その間隔はほぼ長二度なのです。これからお聴きいただく例は次のようになっています。最初に歌手たちは、旋律をちょっと荒々しいオーボエのような音がする木管楽器で奏します。その後彼らは——一連分、あるいはもしかすると数連分——歌います。二つの声部は、器楽による序奏では転回されるため、長二度ではなく短七度の音程で奏されます（譜例14㉑）。

数週間前、私はこれらのレコードをある著名な音楽家に聞かせました。彼はとても驚き、このように言いました。「なんて不思議な響きなのだろう。これはストラヴィンスキーの曲、とりわけ『兵士の物語』を思わせる。」私もまさにそのように思います。しかしながら、ストラヴィンスキーはこれらダルマチアの旋律を知りえたはずがありません。問題のレコードは、六、七年ほど前に出たものだからです。そして私の知る限り、ストラヴィンスキーにはダルマチアに行って、農村の音楽を現場で探求するなどという機会はありませんでした。ですから、この相似は、純粋な偶然の一致なのです。

私の最初の「半音階的」な旋律は、一九二三年に作ったものでした。これを私は『舞踊組曲』の第一主題として用いました。この音楽は、先ほど聴いたアラブの旋律に多少似ています（譜例15㉒）。

この種の旋律は、私の中では偶然の寄り道に過ぎず、特に重大な結果をもたらしたわけ

譜例 14

♩=104
2本のソペラ
rallentando
al
2人の声
Oj, ja - vo - re,
ze - len bo - re,
♩= ca.77
Oj, ja - vo - re,
6
ze - len bo - re,
3
3

ではありません。私の二つ目の試みは一九二六年になされました。この時、私は民俗音楽において知っていた何らかのものを模倣しようとしたわけではありませんでした（譜例16[23]）。

この種の旋律的な半音階主義が、これほど意図的に展開された例は、同時代の音楽には見出せない、と思います。

全体的な特徴としては、私の旋律についても、先ほど半音階的な民俗音楽について述べたのと全く同じことが言えます。つまりこれらの旋律の個々の音は、自律的であり、互いに序列を持ちません。ですが、それぞれの例について、はっきりとした基音が存在し、他の音は最終的にはこの音に解決されることになります。半音階的な民俗的旋律と私自身の半音階的旋律との主な違いは、その音域に見られます。前者は、もっぱら五つ、六つ、せいぜい七つの半音から成り、これは四度以内の音程にあたります。私自身の旋律は、概して少なくとも八つの半音を持ち、いくつかの例ではオクターヴ以上の音域をカバーしているのです。

これらの半音階に取り組んだことで私はもう一つの別アイデアを抱き、新しい手法を用いるようになりました。それは、半音階的進行を全音階的進行へと変換するというものです。別の言い方をすると、半音階的進行を全音階的な領域へと移し、ひきのばすのです。

譜例 15

Moderato (♩=92)
gliss.
8
pp
p
sf
mf martellato
dim.

譜例 16

Un poco più andante (♩ =76)
dolce
p
Tempo I

譜例 17

第１楽章 第１〜２小節

第４楽章 第203〜206小節

皆さんは主題をその音価において伸張させる、というやり方をご存じでしょう。拡大（オグメンテーション）と呼ばれるものです。縮小はディミニューションと呼ばれます。こういった技法は、とりわけ一七、一八世紀の芸術音楽においてよく知られていました。私の新しい技法は、主題の「音域における拡大」とでも呼びうるものです。この伸張について、われわれはどんな全音階、どんな旋法も対象に選ぶことができます。その具体的目的に応じて、それらのうちの一つを選べばよいのです。これから示す例からわかるように、このような伸張は旋律の性格をかなりの程度変えてしまい、時には伸張されていないもとの形態との関連がほとんどわからなくなってしまうほどです。われわれは多くの場合、全く新しい旋律を聴いているような印象を持ちます。そして、これが利点なのです。というのもわれわれは一方で多様性を手にすることができ、しかも二つの形態の間の隠された関連のゆえに、その統一性は保たれることになるからです[24]。あるいはこの新しい技法が人工的だ、

譜例 18

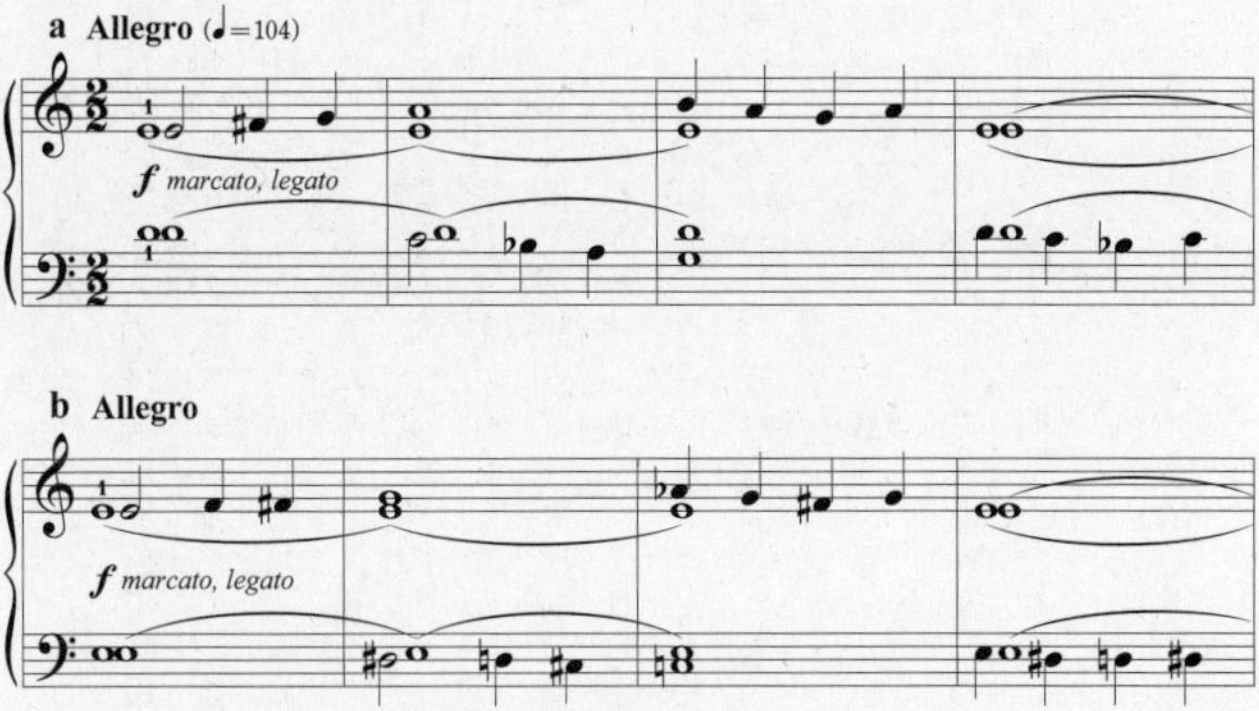

と異議を唱える方もあるかもしれません。私はこれに対して、「拡大」「縮小」「転回」「逆行」といった古い技法と比べて、格別人工的なわけではない、と答えるにとどめるでしょう。実際、「逆行」など、ずっと人工的に思われます（譜例17、18）。

　全音階的な旋律を半音階へと圧縮するやり方については、驚くべき例が発見されています。これは私がほんの六カ月前にダルマチアの半音階法について研究していた時に見つけたものです。この様式は、他のどこにも変化形を持たないような、自律的な半音階的旋律からなる自律的な様式ではありません。この様式の半音階的旋律は、実のところ隣の地域の全音階的旋律を半音階へと圧縮したものに他ならないのです。この理論には否定しがたい証拠がいくつかあります。それらの証拠を今ここでは列挙しませんが、後の講義の一つで、そのようにしたいと思います。二つの声部の間のあの奇妙な長二度について、この理論は極めて簡単な説明を与えてくれます。圧縮が、単純に二つの方向に働いているのです。すなわち、水平方向には旋律に、垂直方向には音程ないし二つの声部の距離に、という具合です。普通、二声の合唱でよくある長三度や短三度の音程が、明らかにあまり見られない長二度の音程へと圧縮されたのです。〔25〕

私は半音階的旋律を全音階の形へと伸張する、あるいはその逆の技法を初めて用いたとき、自分はこれまでに存在しなかった、完全に新しいものを発明した、と考えました。今では、全く同じ原理がダルマチアに存在しており、おそらくは数世紀も前から用いられてきたことがわかっています。これもまた、完全に新しいものの発明などこの世にはありえないことの証左となるでしょう。もっとも見慣れないようなアイデアであっても、その先駆を持っているし、また持つべきなのです。

IV

ここまでハンガリーの芸術音楽について述べてきたことは、すべて調性や旋法、そして旋律の形態に関する事柄でした。次の議論では、リズムの形態に関して説明したいと思います。

ここでもまず注目すべきは東欧の農村の音楽です。まず、ここには上拍というものがあ

譜例 19

りません。それはリズム的にはアルシス〔26〕の開始に基礎を置く音楽なのです。西欧、ロシア、現在のギリシャ、そしてアラブの音楽のようにリズム的にテーシスで始まる音楽とは異なっています（ですが、もちろん多くの例外があります）。そしてわれわれの芸術音楽も主として同じくアルシスの原理に基づいている、と言ったからといって、この発言はあくまでも「一抹の疑いをもって」受け取っていただかねばなりません。われわれが決して上拍を用いない、などというわけではないのです。逆にわれわれはむしろ頻繁にそれを用いる、と言った方が良いかもしれません。私が言っているのはあくまでも概してということであり、概論的な立場でリズムを見た場合の話です。

東欧の農村の音楽には、三種のリズムがあります。第一のリズムは、「パルランド・ルバート」です。つまり規則的な小節や拍子記号を持たない、自由で朗唱的なものです。西欧の芸術音楽の中で、もっとも近いのはレチタティーヴォの音楽でしょう。グレゴリオ聖歌も似たようなリズムを持っていたはずです。第二のリズムは、多少とも厳格なリズムで規則正しい小節線があり、普通は四分の二拍

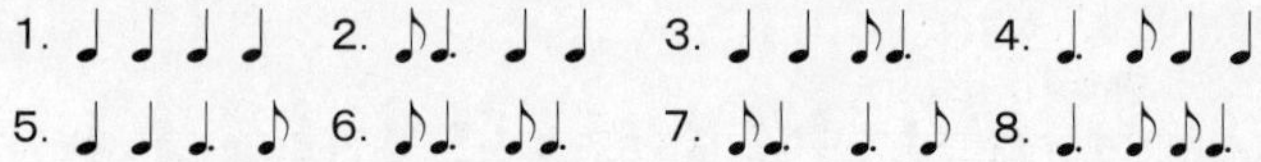

子となります。拍節の変更が起こることもあり、そのような場合は、一見複雑なリズムとなります〔譜例19〕[27]。

　第三のリズムはいわゆる「付点」のリズムで、とりわけハンガリーの農村の音楽のある種のタイプに特徴的です。この付点リズムは、♪♩.と♩.♪と♩♩の三つのパターンの組み合わせからなります。これらのうち、最初のもの、つまりアクセント付きの短い音価とアクセントのない長い音価の組み合わせはもっとも重要なものです。いわゆるハンガリー風の武骨なリズムとして知られているものはこのリズムパターンからできています。スコットランドの民俗音楽にもこのリズムは用いられるようですが、ハンガリーほど頻繁には現れません。上記三つのパターンは次のように組み合わせることが可能で、また実際そのような形で用いられます〔上図参照〕[28]。加えて、もっとも頻繁に用いられ、もっとも有名な終結句♪♩.𝅗𝅥もあります。一方、♩.♪♩.♪という組み合わせは、ハンガリーの民俗音楽では極めて稀です。私はこれを「反ハンガリー的」パターンと呼んでよいと思います〔譜例20〕[29]。

　こう言ったからといって、やはりわれわれがオリジナルの作品において、こうした「反ハンガリー的な」パターンを決して使わないというわけではありません。強調しておかねばならないのは、これらの「付点」のパターンが、ハン

譜例 20

ガリー語の韻律とアクセントに由来することです。次の話は、言語学的な脇道になってしまいますが、ハンガリー的リズムの極めて特殊な点を説明するためにはどうしてもそうせねばならないと思われますので、お許しください。アクセントについては、話は単純です。各々の語は、すべて第一音節にアクセントがきます。韻律の観点から言うと、ハンガリー語の母音は短母音と長母音の二つに分けることができます。この二種の母音の区別は、語勢を強めて話す時には非常にはっきりしていて、とても目につきやすいものです。長母音は、短母音のおよそ二倍の長さを持ちます。曖昧母音や黙字に相当する母音はありません。これらが英語、フランス語、ドイツ語などと、ハンガリー語や他のいくつかの東欧の言語との間にある、母音システムの本来的な違いです。通常のスピードでは、短母音と長母音との違いはわかりにくいかもしれません。ですがゆっくり、語勢を強めて発音すると、この違いはたちまち明らかになり、普段の発話においてさえも「付点」リズムが現れるのです。[30]

そして最高度に強調された発話、つまりあまり遅すぎないテンポでそれが歌われるような場合には、長母音／短母音の区別はよりはっきりします。

このようにわれわれは三つのリズムの源泉を持っています。第一にパルランド・ルバートのリズム、第二に時として拍節の変化を伴った厳格なリズム、そして第三に「付点」リズムです。

パルランド・ルバートのリズムは、ほとんどが声楽作品に用いられます〔譜例21〕[31]。この種の朗唱は、ドビュッシーが古いフランスのレチタティーヴォに基づいて『ペレアスとメリザンド』や彼の歌曲で作り出した朗唱といくらかの関係があります。こういった朗唱のやり方は、誇張された跳躍や焦燥感を示すシェーンベルク流の声楽の扱いとは極度の対照を成します。

厳格なリズムのうち特に興味深いのは、拍節が変化するものです。私は初期の作品において、すでにこの種の可能性をさまざまに利用していましたし、近年ではおそらくいくらか誇張して用いているとすら言えます〔譜例22〕[32]。しかし他の国の作曲家たちは同じ技法を、異なるやり方で用いています。このように拍節に頻繁な変化をつける潮流は、二〇世紀音楽の国際的な特徴と言えそうです。三〇年、四〇年前の指揮者やオーケストラ奏者たちは、このようなアイデアをあまり好みませんでした。しかし最近では彼らも慣れており、たとえば『春の祭典』の最後の部分のように極めて難しい曲もあまり苦にしないようです。ストラヴィンスキーのこの曲にこそ、拍節の変化のもっとも著しい例がふんだんに見られ

譜例 21

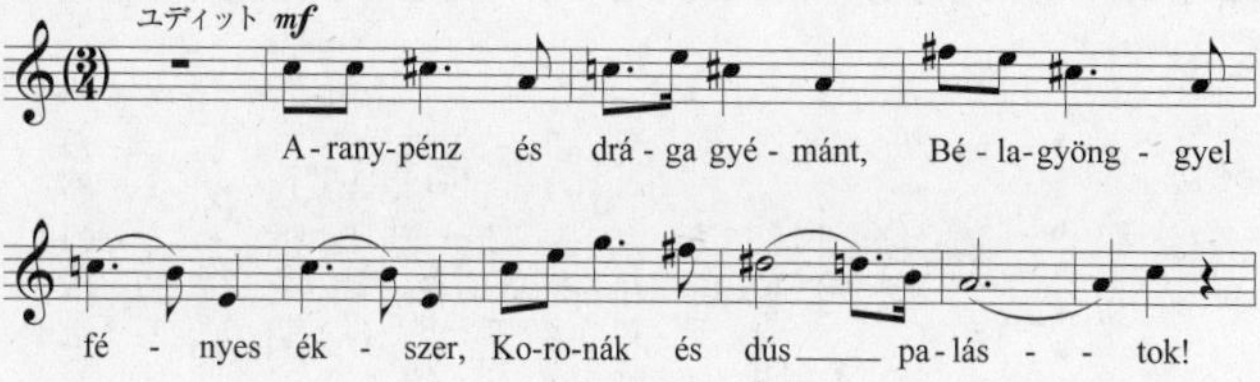

譜例 22

ます。みなさんもこの曲はよくご存知でしょうから、ここで例をピアノで弾いてみたりしなくても良いでしょう。厳格なリズムでは、いくつかの特徴的なパターンが見られます。それらはととという三つの組み合わせからなっています。これらはおそらく「付点」のリズムパターンとなんらかの関係があると思われます。〔33〕ここでも第四の可能性である、はハンガリーの農村の真の民俗的旋律では見られないものです。それは前述ののパターンとおなじように「反ハンガリー的」なのです。ですが、都会の旋律ではこれはしばしば用いられます。その一例は、私の記憶が正しければ、フバイ〔Jenő Hubay, 一八五八—一九三七〕の『チャー

ルダの情景』[34]のとても有名な旋律に用いられています。それ以外の、より純正な〔「ハンガリー的な」〕パターンは農村の旋律に現われるものであり、あのラーコーツィ行進曲にも見いだすことができます〔譜例23[35]〕。

私は初期の作品において次のような主題を作りました〔譜例24[36]〕。このリズムパターンは、旋律に英雄的な性格を与えています。よりソフトなパターンが次の美しくも単純な民俗的な旋律に見られます〔譜例25[37]〕。

ここにあげたリズムパターンはいずれも、ハンガリーだけのものではなく、スロヴァキアの民俗的旋律にも現れます。たとえば次のスロヴァキアの民謡は、一九一九年以降チェコスロヴァキアの国歌となったものです〔譜例26A・B[38]〕。しかしチェコの作曲家たちよりもハンガリーの作曲家たちの方が、この旋律に強い印象を受け、いろいろな作品でこれを用いてきたように見えます。

第三の、もっとも重要なリズムは「付点」リズムです。これはもともとは声楽的なものですが、純粋に器楽的な音楽にも転用され、われわれの多くの作品で用いられてきました〔譜例27[39]〕。もう少しソフトな変化形はないし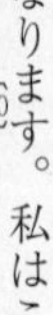となります。私はこのリズムをたとえば弦楽四重奏曲第六番で用いています〔譜例28、29[40]〕。

私はすでに農村の厳格なリズムにおいては、四分の二拍子が優勢であると述べ

譜例 23

譜例 24

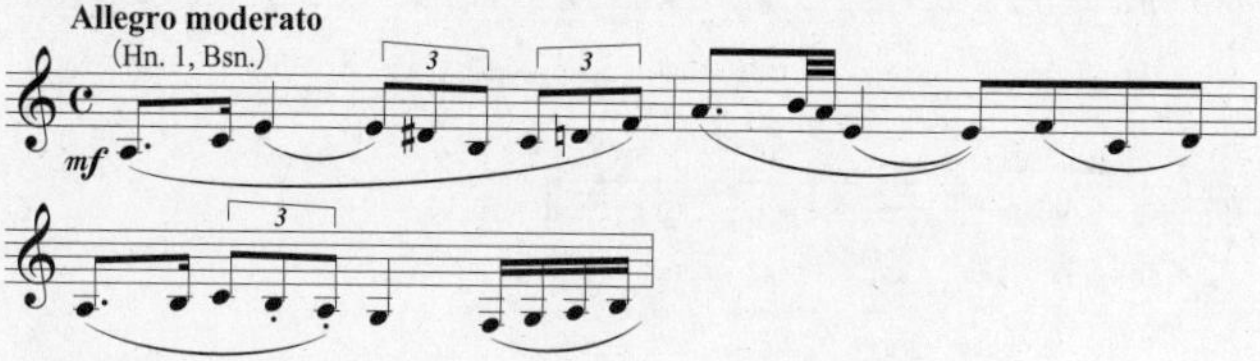

譜例 25

Tempo giusto, ♩ = 98
Vi - rá - gos ken - dë - rëm Ki - á - zott a tó - ba,
Ha ha - rag - szol ba - bám, Ne jőjj a fo - nó - ba.

譜例 26A

Azt mond - ják nem ad - nak en - gem ga - lam - bom - nak,
Azt mond - ják nem ad - nak en - gem ga-lam - bom - nak.
Ha - nem tán más - nak an - nak a hat ök - rös
fe - ke - te gu - bás - nak.

譜例 26B

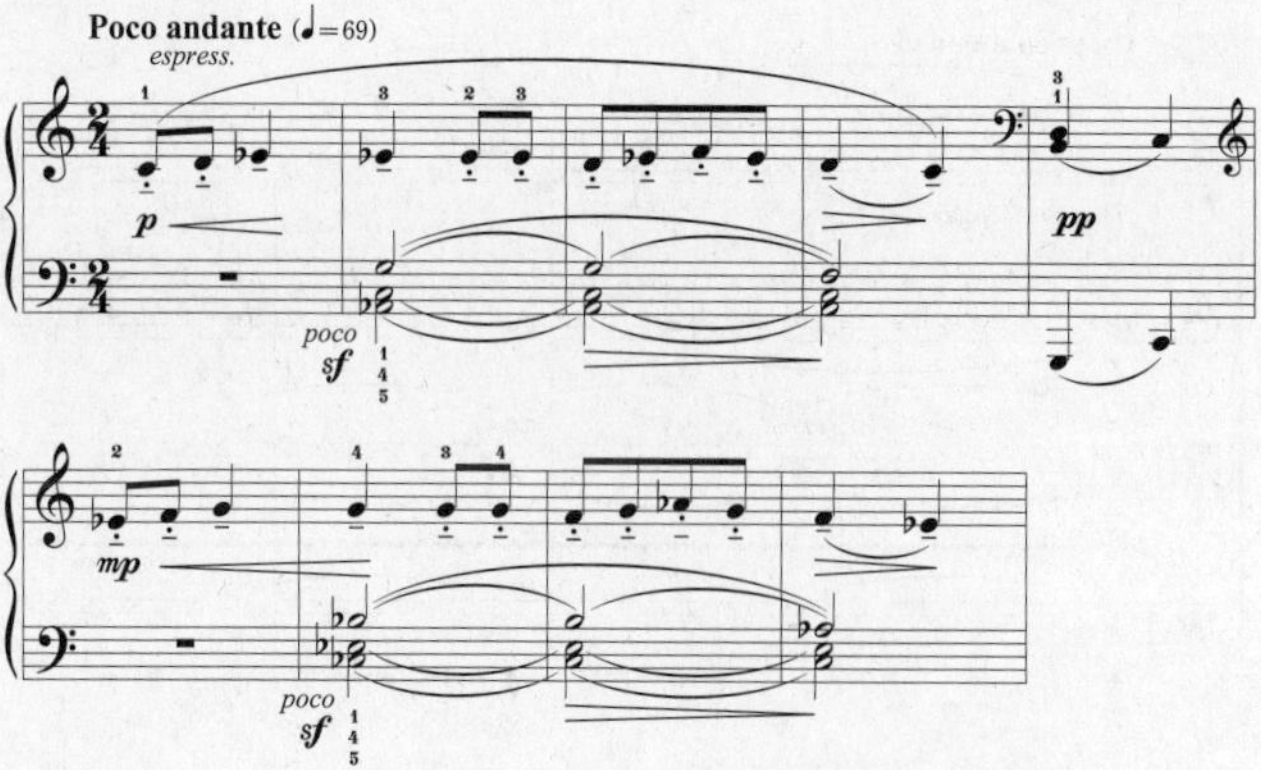

譜例 27

譜例 28

Un poco meno vivo, ♩. = ca. 120
p, ma con calore
p
p tr
p
pizz.

譜例 29

p dolce
più p
più p
più p

譜例 30

ました。ですが、例外もあり、四分の三拍子も用いられます。ただ、想像されているように旋律の全体にわたって四分の三拍子が用いられるわけではなく、それは四分の二拍子と交替で現れます。もしずっと四分の三拍子が続くような旋律があったとしたら、それは明らかに西欧起源のものなのです。そうしたものに代わり、われわれの旋律の中には——少数ではありますが——八分の五拍子や八分の七拍子のものがあります。もっとも、これらの拍子と通常の四分の二拍子との間に本質的な違いはありません。どちらかといえば派生的とも言えるものです。[41]事実、八分の五拍子は、四分の二拍子に含まれる八分音符一つを倍加したもの、八分の七拍子は四分の三拍子に含まれる八分音符一つを倍加したものと言えるのです。こういった付加的拍節は私にはひどく魅力的で、その影響は私のオリジナルの作品の多くにみられます。これらの拍節の奇妙さは、しかし、私がこれから説明しようとしているリズムと比べれば大したものではありません。そのリズムとはわれわれが「ブルガリアン・リズム」と呼んでいるものです〔譜例30〕。[42]

訳注

〔1〕バルトークはこの計画されていた八回の講義の途中で体調を崩し、実際には第三回まで実施されたところで終わった。訳稿の原典とした *Béla Bartók Essays*, selected and edited by B. Suchoff, New York: St. Martin's Press, 1976 には、準備されていた一回分を含め、第四回までが収録されて

おり、本章もそれに準じている。

〔2〕homoiousios は「父と子がほぼ同じ」、homoousios は「父と子は全く同じ」とする神学上の解釈。両者はギリシャ語の綴りでは ι（イオタ）の文字の有無だけで区別される。

〔3〕編者スーチョフは、図3は、講義ノートと同じ封筒に入っていた、としている。

〔4〕ここでバルトーク自身のピアノ演奏によるデモンストレーションが行われた形跡がある。

〔5〕原稿では、次のパラグラフとの間に鉛筆で「聴衆はこれを知っているのか?」と書かれている、とスーチョフは報告している。

〔6〕バルトークは、ここで、「どれが、そのジャズ時代の作品であるのか、例をあげる」というメモを残している。おそらく『十一の楽器のためのラグタイム』（一九一八年）、『ピアノ・ラグ・ミュージック』（一九一九年）などがそれにあたると思われる。なお、個々の音楽作品に付された西暦は作曲された年ではなく、出版された年を示している（これ以降も同様）。

〔7〕下方移動構造は、旋律の後半で、前半の旋律がたとえば五度下方で繰り返されるような構造。バルトークはこれを、ハンガリー民謡の古層に特徴的なものとして抽出した。

〔8〕この譜例は著者の草稿には見られず、編者スーチョフによって、バルトーク著の『ハンガリー民謡』（英語版は *Hungarian Folk Music*. London: Oxford University Press. 1931. p. 17）から引用された。ト音の全音符は終止音を表すが、バルトークの民俗音楽の採譜においては、どの民謡も常にこの音に終止するように移調して記されていた。

〔9〕バルトークは「バッハ〔2〕、ハイドン、モーツァルト、初期ベートーヴェンから譜例をあげる」と注記している。

〔10〕バルトークの講義用のファイルには、ヨーゼフ・ハウアーの『チェレスタのための前奏曲』

(Berlin: Melos-Verlag, 一九二一年) が含まれていた。第六小節のナチュラルの記号は、英語版編者スーチョフによって加えられた。
〔11〕この部分に対する注記には、「譜例、おそらくリストの、歪められた伴奏のもの」とある。
〔12〕バルトークは、彼の『青ひげ公の城』から譜例をあげることを示唆している。ここで編者スーチョフはヴォーカル・スコア (Universal Edition, Vienna, 一九二一年) の一部を選んで譜例2としてあげている。もう一つの指示があり、そちらではストラヴィンスキーの『春の祭典』の「乙女たちの踊り」から譜例をあげるように書かれている。
〔13〕バルトーク自身の注記には「『ミクロコスモス』、コダーイの『ハーリ・ヤーノシュ』、そしておそらくはピアノ・ソナタに多くの例あり」と書かれている。編者スーチョフは、ピアノ・ソナタ BB88 (Sz80) の第三楽章第一二七～一三七小節の例をあげている。
〔14〕バルトークは「弦楽四重奏曲第二番、ミクロコスモスの「レスリング」、あるいは他のもの?——弦楽四重奏曲第六番の第二楽章のトリオの主題」と書いている。編者は「レスリング」(『ミクロコスモス』第四巻第一〇八番) をあげた。
〔15〕バルトークは「例を探すこと」と書き込んでいる。編者が選んだのは、「棒踊り」と呼ばれる民俗舞曲の一部で、トランシルヴァニアのムレシュ県ヴォイニチェニの村で、二人のロマが演奏したもの。これはバルトーク自身によって、一九一二年四月に現場で採譜された。旋律の全体は、*Rumanian Folk Music*, ed. Benjamin Suchoff, The Hague: Martinus Nijhoff, 1967, Vol. 1 (Instrumental Melodies) No. 425で知ることができる。なお、これは、バルトークの『ルーマニア民俗舞曲』BB68 (Sz56) の第一曲で用いられた旋律である。
〔16〕バルトークは「バガテル第七曲」と書いているだけである。これは、おそらく『一四のバガテ

ル』BB50（Sz38）のことで、編者はその第七曲の第二四～二九小節をあげている。

(17) バルトークは、コダーイのチェロ・ソナタ、『ハンガリー詩篇』の主題、バルトークの「トランシルヴァニアの夕べ」、『青ひげ公の城』の第一主題の三つの形、を例としてあげている。編者はコダーイの『ハンガリー詩篇』Op. 13（一九二四年）の一部を譜例とした。

(18) ここで『八つのハンガリー民謡』第五曲を使う、というバルトークのメモに従って、編者は当該の曲の最初の八小節をあげた。もうひとつバルトークがここで念頭においていたと思われる例は「新しいハンガリー民謡」の二台ピアノ版（『ミクロコスモスからの七つの作品』BB120（Sz108）の第五曲）である。

(19) バルトークは譜例として「スロヴァキアから一つ、アラブから一つ」と書き込んでいる。英語版の譜例とは異なるが、ここではスロヴァキア民謡（A）とアルジェリアの民謡（B）をあげる。これらはいずれもヴァイオリンのための『四四の二重奏曲』の原曲として使われた（Aは第一一曲、Bは第四二曲である）。

(20) 譜例は、バルトークによる論文「ビスクラとその周辺のアラブの民俗音楽」中の第一七番の旋律から採られたもので、これは編者スーチョフの選択である。

(21) バルトークの指示では「ここにダルマチアの例を二つ入れる」となっており、訳者は *Serbo-Croatian Folk Songs*, New York: Columbia University Press, 1951, pp. 63, 64-66 から譜例を選んだ。

(22) 『舞踊組曲』BB86（Sz77）の冒頭、第一～一三小節。

(23) この箇所でバルトークは次のような作品を列挙している。「夜の音楽」（ピアノのための『戸外にて』より）／弦楽四重奏曲第四番第三楽章（U. E., 一九二九年）／ピアノ協奏曲第二番第二楽章

(U. E., 一九三二年)／『カンタータ・プロファーナ』(U. E., 一九三四年)／『弦楽器、打楽器、チェレスタのための音楽』(U. E. 一九三七年)／『二台のピアノと打楽器のためのソナタ』(Boosey & Hawkes, 一九四二年)／ヴァイオリン協奏曲〔第二番〕第一楽章の対照的主題(Boosey & Hawkes, 一九四六年)／『弦楽のためのディヴェルティメント』第二楽章(Boosey & Hawkes, 一九四〇年)／弦楽四重奏曲第六番(Boosey & Hawkes, 一九四一年)

英語版とは異なるが、譜例16には本文の「一九二六年」という記述に基づき同年に書かれた「夜の音楽」の旋律から一部をあげた。

〔24〕バルトークは「音域における拡大」の例として弦楽四重奏曲第四番と『弦楽器、打楽器、チェレスタのための音楽』をあげている。譜例17には(やはり英語版の譜例とは異なるが)『弦楽器、打楽器、チェレスタのための音楽』の第一楽章第一〜四小節と第四楽章第二〇三〜二〇八小節をあげた。譜例18は「ミクロコスモスの例から」というバルトークの注記に基づき、英語版に倣って「線と点」(『ミクロコスモス』第二巻第六四番)のaとbの最初の四小節を抜粋した。もう一つの例としてバルトークは「私は耕したい」、つまり「民俗旋律による変奏曲」(『ミクロコスモス』第四巻第一一二曲)をあげている。半音階的圧縮は第三二〜四四小節で起こる。

〔25〕講義が途中で終わったためにこれらの例はあげられていないが、おそらく *Serbo-Croatian Folk Songs*, p. 62 あたりで議論されている問題と関連している。

〔26〕古代ギリシャの理論によれば、アルシスは「上げ」、テーシスは「下げ」を意味する。さらに転じて西洋音楽においては、前者は一般に弱いアクセントあるいは弱拍、後者は強いアクセントあるいは強拍を意味するのだが、この段落におけるバルトークの用語法では、(おそらくは誤りにより)アルシスとテーシスが入れかわっており、上拍が存在しないはずの東欧の音楽が「アルシス」

で始まる音楽とされている。

〔27〕バルトークが例として名をあげているのは「ブラームスの変奏曲、トリオも。そしてルーマニアの『コリンダ』。譜例を書き出してもよい。」というものだった。編者スーチョフは、ブラームスの『ハンガリーの歌による変奏曲』作品二一の二、冒頭（一〜四小節）をあげている。

〔28〕バルトークは、板書用のリズム・パターンをメモしている。編者スーチョフはバルトーク著『ハンガリー民謡』（前掲）二九頁から八つのパターンを引用している。

〔29〕「ブラームスのハンガリー舞曲のどれか」という括弧つきのメモがある。編者は第一番冒頭の四小節を引いている。

〔30〕バルトークはここに次のようなテクストを書き付けている。

Felhők gzülnek az égen,　　雲が空に集まってきて、
Nemsokára vihar lesz.　　もうすぐ嵐になりそうだ。

バルトークがこれを読み上げたか、あるいは黒板に書き付けたか（そしてそこに旋律を付したか）、あるいは民謡の録音を聞かせたか、はわからない。

〔31〕バルトークは『青ひげ公の城』の例を引くようメモを残した。ここでは同作品のユディットのパートを引用した。

〔32〕バルトークはここで「どんな例をあげるか？　第一組曲？　第二組曲？　後年の作品？　舞踊組曲？　弦楽器のための第一楽章（おそらく『弦楽器、打楽器、チェレスタのための音楽』の第一楽章）？」と書き込んでいる。ここでは英語版と異なり、『弦楽器、打楽器、チェレスタのための音楽』の第一楽章の冒頭主題を選んだ。ここでフレーズは、七、一〇、七、九拍と変わり、拍節も八分の八、八分の一二、八分の八、八分の七拍子と変化する。

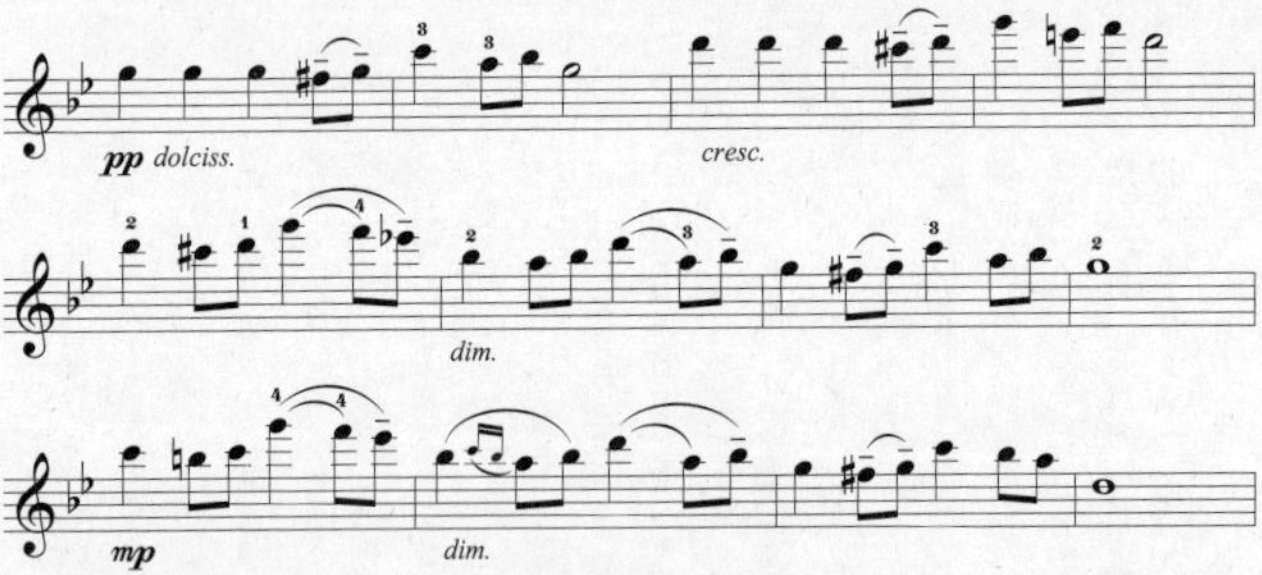

〔33〕スーチョフの情報によれば、バルトークは講義ノートの欄外に上図のようなリズム・パターンをメモしている。

〔34〕バルトークは括弧つきの注釈で「大波のバラトン湖」（フバイの『チャールダの情景』第五曲）と書いている。当該の旋律については、上の譜例を参照のこと。

〔35〕ラーコーツィ行進曲のここに引いた編曲はヴィルモシュ・パールによるロージャヴェルジ版（ブダペスト）である。

〔36〕譜例は、バルトークの交響詩『コシュート』BB31（Sz21）の第一曲「コシュート」（第三～五小節）である。

〔37〕この旋律は、バルトークの著書『ハンガリー民謡』（前掲）の第35番である。

〔38〕最初の例（A）はボグナール・イグナーツ編『百のハンガリー民謡』（ペスト、一八五三年）よりバルトークが引用している。二つ目の例（B）は、『十のやさしいピアノ曲』BB51（Sz39）第八曲（一九〇八年）でバルトークが編曲したもの。なお、チェコスロヴァキア国歌は、前半で現在はチェコ国歌になっている「我が家何処や」が歌われ、すぐに続いて後半でこの譜例27の旋律が歌われるものだった（ただし「『稲妻がタトラの上を走り去り』の歌詞で歌われる」。現在これはスロヴァキアの国歌となっている。

〔39〕バルトークの注記には「『木製の王子』より「森の踊り」、他に例

があるか？「トランシルヴァニアの夕べ」の第二主題？」とある。スーチョフは後者、つまり『十のやさしいピアノ曲』第五曲第一三〜一八小節をあげている。

〔40〕バルトークの注記に基づいて、ここには二つの例をあげる。一つ目は第一楽章の第二主題、そして二つ目は第三楽章のトリオ（Burletta）の部分である。

〔41〕「いわゆるブルガリアン・リズム」（本書所収）を参照のこと。

〔42〕バルトークの講義ノートはここで終わっている。スーチョフが最後に置いた譜例30は、バルトークの弦楽四重奏曲第五番第三楽章の冒頭。

自伝

私は一八八一年三月二五日、トロンタール県ナジセントミクローシュ〔現ルーマニア領スンニコラウ・マレ〕で生まれ、六歳で母からピアノを習いはじめた。父は農業学校の校長だったが、かなりの音楽的才能に恵まれ、ピアノを弾いたり、アマチュア・オーケストラを組織したり、さらには舞曲の作曲を試みたりしていた。父が亡くなった時、私は八歳だった。父の死後、母は国民学校の女性教師として日々の糧を得なくてはならなくなった。それで私たちはナジセーレーシュ〔現ウクライナ領ヴィノフラディフ〕に移り、そこからベステルツェ〔現ルーマニア領ビストリツァ〕、トランシルヴァニア地方、最後に一八九三年にポジョニ〔現スロヴァキア領ブラティスラヴァ〕へと向かった。私は九歳になるとピアノ小品を書くようになり、一八九一年〔正しくは一八九二年〕にはナジセーレーシュで「作曲家」兼「ピアニスト」として公開演奏会にも出演していたので、大きな都市に引っ越すことは私たちにとって非常に重要だった。疑いなく、当時のポジョニはハンガリーの地方都市の中でもっとも活気のある音楽生活が営まれていた場所だった。それだからこそ私は一五歳になるまでにエルケル・フェレンツの息子エルケル・ラースローからピアノのレッスンを受けたり、和声法を習ったりすることができたのであり、他方では、取り立てて優れてはいなかったにせよ、オーケストラのコンサートやオペラの上演をいくつか聴くこともできたのだ。室内楽を演奏する機会もなかったわけではない。それで一八歳になるまでに、私はバッハからブラームスまでの芸術音楽について相対的に見てかなり良く知ることができた。たとえヴァーグナーについて『タンホイザー』までしか知らなかったとしても、である。その頃はブラームスの作品や四歳年上のドホナーニの若い頃の作品、すなわち作品一(『ピアノ五重奏曲ハ短調』)の影響のもと、熱心に曲を書いていた。

ギムナジウムでの勉強を終えた後、私はドホナーニのすすめでブダペストの王立音楽院に入り、そこで一八九九年から一九〇三年までトマーン・イシュトヴァーン(ピアノ)とケスレル・ヤーノシュ(作曲)の弟子として学んだ。ブダペストに到着すると私はすぐ、当時まだよく知らなかったリヒャルト・ヴァーグナーの作品(『指輪』四部作、『トリスタンとイゾルデ』、『ニュルンベルクの親方歌手』)やリストの管弦楽作品の研究に取りかかったが、創作活動の方はその頃になると、すっかり停滞してしまった。今やブラームスの様式からすっかり離れ、ヴァーグナーとリストを一通り学んだのに、望んでいた新しい道を見出せなかったのである(音楽史におけるリストの重要性を当時の自分はまだ理解しておらず、彼の芸術のうわべしか見ていなかった)。その結果、ほぼ二年の間、私はほとんどなにも作らず、音楽院では事実上、腕の良いピアニストとしてしか見られていなかった。

この停滞から電光石火で救い出してくれたのが『ツァラトゥストラはこう語った』のブダペスト初演だった。ブダペストの音楽家の大半はこの作品を嫌悪感とともに聴いたが、私はこれ以上ないほどに熱狂した。ついにおぼろげながら方向性が見えてきたからである。この作品は新しいものを内に含んでいた。さっそく私はシュトラウスの総譜の研究に取りかかり、再び作曲を始めた。もう一つの背景も私の活動の展開に決定的な影響を与えた。よく知られた、あの排外主義的な潮流がハンガリーではこの時期に起こり、芸術の領域においても感じ取れるようになっていたのだ。音楽においても何か特別にハンガリー的なものを作り出さなくてはならなかった。私もこの考えにとらわれて、ハンガリーの民俗音楽の研究、より正確に言えば、その頃ハンガリーの民俗音楽と見なされていたものの研究へと向かっていった。

こうした状況のもと、私は一九〇三年に『コシュート』と題する交響詩を作曲した。リヒテル・ヤーノシュ〔ハンス・リヒター〕が直ちに演奏を引き受け、マンチェスターで初演してくれた（一九〇四年二月）。この時期にはさらにヴァイオリン・ソナタとピアノ五重奏曲も書いた。前者はルドルフ・フィッツナー、後者はプリル四重奏団によってともにウィーンで初演されたが、以上にあげた三つの作品は出版に至らなかった。この時期の作品としてはほかに一九〇四年に作曲した『ピアノとオーケストラのためのラプソディ』（作品一）と大オーケストラのための『第一組曲』がある。一九〇五年、私は前者〔『ピアノとオーケストラのためのラプソディ』〕をたずさえてパリで開かれたルビンシュタイン・コンクールに参加したが、そこから何の結果も得られなかった。

とはいえ、私はいつまでもリヒャルト・シュトラウスの魔力に支配されていたわけではない。新たにリストを、それも『巡礼の年』、『詩的で宗教的な調べ』、『ファウスト交響曲』、『死の舞踏』といった、あまり人気のない作品を研究するようになったのだ。この研究によって、あまり好きになれなかった〔リストの音楽の〕うわべを乗り越え、私は事柄の核心へと到達した。この芸術家の真の重要性が自分にとって明白となったのだ。音楽史の展開から見れば、リストの作品の重要性は、ヴァーグナーやシュトラウスのそれにまさる。そのように私は考えるようになった。

さらに、あやまって民謡と見なされていたハンガリーの歌が――実のところそれらは、程度の差こそあれ通俗的な民俗調芸術歌曲なのだが――さほど面白いものではないことに気がついた。そこで一九〇五年に、私はそれまで全く知られていなかったハンガリーの農民音楽の研究をはじめたのだ。非常に好運にも、この研究を通じてコダーイ・ゾルターンという、優秀な音楽家仲間に知り合えた。彼はそのすぐれた感覚と判断力で、音楽のあらゆる分野に関する貴重な指導や助言を一度ならず私に与えてくれた。

純粋に音楽的観点から、私はハンガリー語圏のみに限定しつつ研究をはじめたが、後になるとスラヴ語圏やルーマニア語圏についても研究するようになった。何であれ、農民音楽の研究は私にとって決定的な意味を持っていた。というのもそれは、従来の長調・短調からなる音組織の専制支配から私を解き放ってくれたからである。採集旅行で得られた民謡の大部分、それももっとも貴重な部分は、古い教会旋法やギリシャ旋法、ないしある種のさらに原始的な（五音音階の）音階で歌われていた。さらにそれは、ルバートで歌われるときもテンポ・ジュストで歌われるときも、非常に変化のある、自由なリズム型や変拍子を示していた。大昔の、われわれの芸術音楽ではもはや使われていない音階が、決して生命を失ってしまったわけではないことが明らかになった。それらの音階を使うことは、斬新な和声の組み合わせも可能にしてくれた。このように全音的な音階を用いることで、私は硬直しきった長短音階から解放され、究極的には一二の半音組織の一つ一つの音を全く自由に扱うところへと至ったのである。

一九〇七年に私は王立音楽院のピアノ教師に任命された。この仕事を引き受けた主な理由は、自国に定住して伝承研究上のいろいろな目標を達成したかったことにあった。ちょうど同じ年、私はコダーイのすすめでドビュッシーの作品を研究しはじめて、驚いた。ドビュッシーの旋律法においても、われわれの民俗音楽とよく似た、ある種の五音音階風のイディオムが大きな役割を果たしていたからだ。それらもまた、何らかの東ヨーロッパの――おそらくロシアの――民俗音楽の影響によるものであることは明らかだった。類似の試みはイーゴリ・ストラヴィンスキーの作品にも見て取れた。つまり今日、地理的に互いに遠く離れた諸地域において、同じ潮流が生まれつつあるのだ。最近数世紀の音楽の影響を受けていない、新鮮な農民音楽の要素によって、われわれは芸術音楽をもっと生命力に満ちたものにしようとしているのである。

まさに以上に述べた考えを反映していただけに、作品四〔『第二組曲』〕以降に私が書いた作品はブダペストにおいて、当然のように激しい抵抗を引き起こした。無理解にもいろいろな原因があったが、一つには新しい管弦楽作品がほとんど例外なく、かなり不完全に上演されたことがあげられる。理解のある指揮者もいなければ、ふさわしいオーケストラも存在しなかった。一九一一年にコダーイと私を含む数人の若い音楽家が「新ハンガリー音楽協会」の設立を試みたが、この企ての実質上の目標は、独立したオーケストラ組織の設立にあった。このオーケストラが新しい作品、つまり最先端の音楽芸術を容認できる水準で演奏することになっていたのだ。しかしこの目標に向けたわれわれの努力は、何も産み出さなかった。このことやほかの個人的失敗がもとで私は一九一二年頃、公的な音楽生活から完全に身を退いてしまった。そしてその分だけ熱心に、民俗音楽を研究し続けた。自分たちの置かれている状況からすれば、かなり思い切った研究旅行を私はいくつも計画し、ささやかな第一歩として一つの計画を実現させた。アラブの農民音楽の研究をするために、ビスクラ地方とその周囲を旅行したのだ。そのこともあり、大戦の勃発によって私は苦い思いを味わった。というのも戦争は一気に、この種の調査をすべて台無しにしてしまったからである。自分の研究領域としては、もはやハンガリー国内のいくつかの地方しか残されていなかった。それまでより範囲が限られていたにせよ、それらについては一九一八年まで研究することができた。

私の音楽に対するブダペストの聴衆の態度は一九一七年に決定的に変わった。これは比較的大きな作品、つまり舞踊劇『木彫りの王子』がエジスト・タンゴの指揮のもと、ようやく音楽的に文句のつけようのない演奏で聴けるようになったことによる。同様にタンゴは、私の以前の舞台作品、つまり一九一一年に作曲した一幕の楽劇『青ひげ公の城』を一九一八年に初演してくれた。

ところがこうした好ましい変化の後、残念ながら一九一八年秋に政治と経済の破綻がやってきた。それ以後の一年半にわたる紆余曲折[1]は、人がなにかきちんとした仕事を落ち着いてこなすのには全く不適当だった。

今もなお私は、民俗音楽研究の継続を思い描くことすらできない状態に置かれている。自分たちの出資でそのような「贅沢」をすることがもはや不可能である上に、かつての大ハンガリー王国から切り離された諸地域で科学的な研究を行うことは、政治情勢から見ても不可能だからである。他方、より遠くの国々への旅行が実現する見込みもなくなってしまった……

もっとも、音楽学のこの分野への本物の関心を、世界のどこにも見て取ることはできない。あるいは一部の「狂信者たち」が主張するほど、この分野に重要性はないということなのだろうか！

訳注

〔1〕二重君主国の瓦解に伴い、ハンガリーでは一九一八年一一月、カーロイ・ミハーイを首班とするハンガリー民主共和国が成立した。翌一九年三月に共産主義革命が起こり、クン・ベーラを首班とするハンガリー評議会共和国が成立。しかしこの体制は短命で、八月には政権が崩壊、ブダペストはルーマニア軍によって占領される。ルーマニア軍は一一月にようやく撤退を開始し、かわってホルティ率いるハンガリー国民軍がブダペストに入城した。一九二〇年三月にホルティが国王不在の「ハンガリー王国」の摂政になることで、事態は沈静化に向かった。

解題

バルトークは、二〇世紀前半における、もっとも重要な作曲家の一人だった。その音楽は、かつての「前衛」の位置づけから、今や「古典」の一種となっていると言って良い。演奏会では、彼の作品は以前にも増して頻繁に演奏されているし、作曲家の人気投票などでも意外なほど上位にランクインする。だが、作曲家としてだけではなく、彼は生前、ピアニストとしても著名であり、民俗音楽の研究者として第一線で仕事をし、そして同時代を代表する知識人として、多くの講演や著述でも知られていた。本書は、この最後の面、つまりバルトークが書いたさまざまな文章を集め、代表的なものを訳出したものである。

彼の文章は日本語では、すでに早くから岩城肇編訳『バルトークの世界：自伝・民俗音楽・現代音楽論』講談社、一九七六年（後に『バルトーク音楽論集』御茶の水書房、一九八八年として出版された）によって読まれてきた。本書も、当初はこの論集の抜粋再編集版として計画された。だが当初から問題だったのは、同書がハンガリー語で出版されたバルトーク論集（*Bartók Béla Összegyűjtött Írásai*, ed. András Szőllősy, Budapest: Zeneműkiadó, 1967）を原典としており、バルトークが独語、英語、フランス語などで発表した文章も、すべて一旦ハンガリー語に訳されたものからの重訳だった点である。同訳書は類書もなく、明らかに重要な文献だったが、すでに一定の役割を終えたと考え、本書ではバルトークが書いた言語からの訳を行うことを原則として、文章も完全に見直すことにした。そうして出来上がった訳を読むと、その印象は以前と随分違うのではないかと思う。第一に、それは文体の故である。本書では基本的に「だ・である」を採用しており、以前の訳よりコンパクトな印象を持たれる方が多いだろう。（ただし、インタビューをまとめた「ドビュッシーについて」、および未完の講演原稿である「ハーヴァード大学での講義」のみは、語りの文章であることを重視して「です・ます」で訳している。他にも講演原稿に基づく文章は多いが、講演後に推敲を経て、公刊された文章については原則どおり「だ・である」で揃えた。）内容的にも、できるかぎり誤りを正したつもりである。

文章の選択については、バルトークが書いたさまざまな文章を、できるだけヴァラエティを持って提示することを考えた。全体は「民俗音楽研究」「諸民族の音楽について」「作曲家論と同時代の音楽について」「講義と自伝」の四つのセクションに分け、内容に応じて配列してある。

ここに含めなかったのは、バルトークの本格的な民俗音楽コレクションである。これは、彼が自身の調査に基づき、民俗音楽の旋律を譜例とともに整理したもので、多くは何百もの譜例の前に、その分類、考察を中心とする文章が付されている。日本語でも『ハンガリー民謡』(原書は一九二四年、邦訳書は間宮・伊東訳、全音楽譜、一九九五年)は読めるが、この他にルーマニア、スロヴァキア、南スラヴなどのコレクションがある。あるいはアルジェリアでの調査に基づく論考も小規模ながらこのカテゴリーに入るかもしれない。これらは当該民俗音楽の研究文献としてだけでなく、バルトークの考え方を知る上でも極めて重要なものだが、分量的にも、内容的にも文庫の性格には合わないと考えた。それぞれの原典にあたっていただくか、あるいは今では、*Béla Bartók Studies in Ethnomusicology*, ed. Benjamin Suchoff, Linclon and London: University of Nebraska Press, 1997 という便利な英語の書物があるので、そちらをご参照いただければ幸いである。

一方で、以前のハンガリー語の論集(既出の *Bartók Béla Összegyűjtött Írásai*)に含まれておらず、したがって岩城氏の訳書にもなかった「ハーヴァード大学での講義」を本書に収めることにした。これはバルトークが、彼の命を奪うことになる白血病の進行と競うようにして準備した「音楽概論」であり、「現代音楽論」でもある。予定されていた八回の連続講義のうち、結局第三回までしか行われず、原稿も第四回までしか残っていないが、彼の最晩年の思考が、詳細に論じられていて興味深い。ただ、この論考には、未完であることを置いても、かなり深刻な問題がある。この文章を初めて公にしたB・スーチョフは、ここに含まれる多くの譜例を、バルトークの講義メモに基づいて準備したのだが、その中には、現在のバルトーク研究の知見からすると明らかにふさわしくないものがある。これは早くから指摘されていた問題だったが、本訳書では、それらの譜例については、訳者の責任でできるだけ適切なものを用意した。スーチョフが報告している講義メモの文言については、多少煩雑ながら、訳注の中にできるだけ残し、読者の検証が可能になるようにしたつもりである。

文中に何度か現れる「ジプシー」の語は、現在では差別的であるとして避けられ、「ロマ」などの語に置き換えられる傾向がある。だが、本書は歴史的な文章の訳であり、そのまま「ジプシー」としている。バルトークの「ジプシー」観にどのような偏見が紛れ込んでいるかについては、これらの文章を基礎にして別途検討すべき問題であろう。

そのほか、ここで一言しておきたいのは、地名と人名の問題である。まず地名について。ここに頻出する中東欧の地域や村は、その民族的言語的多様性の故に、何通りもの呼び名を持っているところが多い。たとえば、スロヴァキアの首都は、スロヴァキア語ではブラティスラヴァだが、ハンガリー語ではポジョニ、ドイツ語ではプレスブルクと呼ばれる。ルーマニア語で、現在クルージ・ナポカと呼ばれる街は、ハンガリー語ではコロジュヴァール、ドイツ語ではクラウゼンブルクと呼ばれた。このような多重性に加えて、バルトークがこれらの文章を書いた当時と現代とでは国境線が変わっている、という事情もある。基本的には、バルトークの書いた地名を優先したが、それらが現在では別の名で呼ばれている場合、かっこ内に現在の地名を補った。

またハンガリー語では、人名は日本語と同じ姓・名の順で呼ばれる。つまり、ベーラ・バルトークではなくてバルトーク・ベーラである。だが、これが本書のように他のヨーロッパの人名と並ぶと、どちらが姓なのか、わからないときがある。本書では、ハンガリー人は姓・名で、他のヨーロッパの人名は、名・姓で記しているが、あまり有名でない人物の場合、カッコ内に名・姓の順で元綴りと生没年を補足した（ただし、バッハやブラームスといった有名な人物はその限りではない）。

このような原則の上に、訳者両名は、現代の日本におけるバルトーク理解をふまえながら最善の訳となるように努めたつもりである。独語・英語の文章は伊東が、ハンガリー語・フランス語の文章は太田が主として担当したが、最終的には二人で検討して仕上げた。もちろん能力の限界はあり、思わぬミスもあるかもしれないので、誤りについてはご指摘いただければ幸いである。

なお、「トルコでの民謡採集」中のトルコ語歌詞については、濱崎友絵さん（信州大学人文学部）の訳をほぼそのまま使わせていただいた。また、同論文の地名表記、人名表記についても濱崎さんから多くの助言をいただくことができた。この場を借りて濱崎さんに感謝の言葉を述べておきたい。

最後に、各論考の初出などについて、情報をまとめておく。

ブダペストでの講演

一　民俗音楽とは何か？

"Mi a népzene?", *Új Idők*, xxxvii/20 (1931 May), pp. 626–627.

二　新しい芸術音楽への農民音楽の影響

"A parasztzene hatása az újabb műzenére", *Új Idők*, xxxvii/23 (1931 May), pp. 718–719.

三　民俗音楽の重要性について

"A népzene jelentőségéről", *Új Idők*, xxxvii/26 (1931 June), pp. 818–819.

以上の翻訳にあたっては *Bartók Béla Összegyűjtött Írásai* (1967) 所収のものを底本として用いた。

なぜ、そしていかに民俗音楽を採集するのか

"Miért és hogyan gyűjtsünk népzenét?", *Népszerű zenefüzetek* 5, Budapest : Somló Béla, 1936.

翻訳にあたっては *Bartók Béla Írásai/3, írások a népzenéről és a népzenekutatásról*, ed. Vera Lampert, Budapest: Editio Musica Budapest, 1999 所収のものを底本として用いた。

ハンガリー人の農民音楽

"Ungarische Bauernmusik", *Musikblätter des Anbruch*, II/11-12（1920 June）, S. 422-424.

スロヴァキア人の農民音楽

"Slovak Peasant Music", *Musical Courier*, ciii/13（1931 September）, p. 6.

ルーマニア人の民俗音楽

"Rumänische Volksmusik", *Schweizerische Sänger-Zeitung*, xxiii-17（1933 September）, pp. 141-142, xxiii-18（1933 September）, pp. 148-149, xxiii-20（1933 October）, pp. 168-169.

いわゆるブルガリアン・リズム

"Az úgynevezett bolgár ritmus", *Énekszó*, v/6（1938 May）, pp. 537-541.

翻訳にあたっては *Bartók Béla Írásai/3*（1999）所収のものを底本とした。

トルコでの民謡採集

"Népdalgyűjtés Törökországban", *Nyugat*, xxx/3 (1937 March), pp. 173-181.
翻訳にあたっては *Bartók Béla Összegyűjtött Írásai* (1967) 所収のものを底本とした。

リストに関する諸問題

"Liszt-Problémák", *Nyugat*, xxix/3 (1936 March), pp. 171-179.
翻訳にあたっては *Bartók Béla Összegyűjtött Írásai* (1967) 所収のものを底本とした。

コダーイ・ゾルターン

"Kodály Zoltán", *Nyugat*, xiv/3 (1921 February), pp. 235-236.
翻訳にあたっては *Bartók Béla Összegyűjtött Írásai* (1967) 所収のものを底本とした。

ドビュッシーについて

"Debussyről", *Esztendő* (1918), pp. 144-147.
翻訳にあたっては *Beszélgetések Bartókkal 1911-1945: nyilatkozatok, interjúk*, ed. András Wilheim, Budapest: Kijárat, 2000 所収のものを底本とした。

ラヴェルについて

"Ravelről", *La Revue Musicale*, xix/187 (1938 December), p. 436.

翻訳にあたっては *Bartók Béla Összegyűjtött Írásai* (1967) 所収のハンガリー語草稿も参考にしつつ、発表時のフランス語ヴァージョンを底本とした。

ハンガリーにおけるアーノルト・シェーンベルクの音楽

"Arnold Schönbergs Musik in Ungarn", *Musikblätter des Anbruch*, II/20 (1920 December), S. 647-648. なお底本としては、同論考を資料批判的に検討した László Somfai, "Vierzehn Bartók-Schriften aus den Jahren 1920/21", in *Documenta Bartókiana*, Heft 5 (1977), S. 15-140 を用いた。

新音楽の問題

"Das Problem der neuen Musik", in *Melos*, 1/5 (1920 April), S. 107-110. なお底本としては、既出の "Vierzehn Bartók-Schriften aus den Jahren 1920/21" を用いた。

ハーヴァード大学での講義

"Harvard Lectures", *Béla Bartók Essays*, ed. Benjamin Suchoff, New York: St. Martin's

Press, 1976, pp. 354-392.

自伝

"Önéletrajz", *Az Est Hármaskönyve: Lexikon az újságolvasó számára.* Budapest: Pesti Napló, 1923. pp. 77-84.

翻訳にあたっては、*Bartók Béla Írásai/1*, ed. Tibor Tallián, Budapest: Editio Musica Budapest, 1999 所収のものを底本として用いた。

出版の計画をご提示いただいてから、実に四年あまり、粘り強く待ってくださったちくま学芸文庫の海老原勇さんにこの場を借りてお礼申し上げます。

二〇一八年三月

伊東信宏
太田峰夫

＊本書はちくま学芸文庫のオリジナル企画です。

ちくま学芸文庫

バルトーク音楽論選《おんがくろんせん》

二〇一八年六月十日　第一刷発行

著者　ベーラ・バルトーク
訳者　伊東信宏（いとう・のぶひろ）
　　　太田峰夫（おおた・みねお）

発行者　山野浩一
発行所　株式会社　筑摩書房
東京都台東区蔵前二―五―三　〒一一一―八七五五
振替〇〇一六〇―八―四一二三
装幀者　安野光雅
印刷所　錦明印刷株式会社
製本所　加藤製本株式会社

乱丁・落丁本の場合は、左記宛にご送付下さい。
送料小社負担でお取り替えいたします。
ご注文・お問い合わせも左記へお願いします。
筑摩書房サービスセンター
埼玉県さいたま市北区櫛引町二―六〇四　〒三三一―八五〇七
電話番号　〇四八―六五一―〇〇五三

ISBN978-4-480-09839-9 C0173